불 안 과 .
경 쟁 . 없 는 .
이 곳 에 서

자연농이라는
건강하고 행복한
삶의 방식

불 안 과 .
경 쟁 . 없 는 .
이 곳 에 서

강수희 · 패트릭 라이든 함께 지음

열매
하나

차례

~~~~~~~~~~~~~~~~~~~~~~~~

부록

일러두기

1. 이 책은 2011년부터 2015년 사이에 진행된 다큐멘터리 〈자연농 Final Straw〉 취재 작업을 바탕으로 하고 있으며, 인터뷰이에 관한 정보와 사실은 취재 당시의 시점으로 표기했습니다. 시간이 흘러 만남 당시와 현재의 활동 분야가 달라진 분도 계시지만 모두 자연농의 철학을 바탕으로 살고 있습니다.
2. 인터뷰이에 대한 호칭은 획일적으로 맞추어 표기하지 않고, 저자와 인터뷰이의 관계가 반영된 다양한 호칭을 그대로 사용했습니다.
3. 저자인 강수희와 패트릭 라이든이 각각의 인터뷰이에 관한 글을 나누어 집필했지만, 두 사람이 함께 인터뷰하고 서로 세심하게 생각을 나누며 글을 썼기 때문에 글쓴이를 따로 구분하지 않았습니다. 패트릭 라이든이 집필한 글은 강수희가 번역했습니다.

지구에서 사이좋게 살아가기

　도시의 평범한 직장인이었던 우리가 어째서 자연농이라는 낯선 세계에 강하게 이끌리고, 직장을 그만두면서까지 불안정한 삶에 뛰어들어 몇 년에 걸쳐 자연농 다큐멘터리를 만들게 되었을까? 대체 그 이유는 뭘까? 사실 우리도 그 까닭을 제대로 알지 못했다. 2011년 가을부터 이어온 취재를 얼추 마치고 편집 작업을 시작하려던 2013년 여름, 그 물음의 배경을 짚어보기로 했다. 그래야 우리도 미래의 관객들에게 '왜 자연농인가?'를 잘 설명할 수 있을 것 같았다.

　살펴보니 예전의 나에겐 무엇보다도 먼저 걱정과 불안이 있었다. 점점 더 나 자신은 고갈되어 가고 직장인이라는 껍데기만 남는 것 같다는 걱정, 과연 이대로 살아가도 될까 하는 불안… 원했던 직업이었고 일하는 보람도 있었지만 서울에서 회사를 다니던 때의 나는 행복하지 않았다. 아침 일찍 일어나 만원 지하철에 끼인 채 출근했다가, 늦은 밤 터덜터덜 돌아와선 몸도 마음도 잔뜩 지친 채로 푹 쓰러져 잠들기 바빴다. 주말의 나들이나 해외여행으로 반짝 활기를 되찾기도 했지만 잠깐이었다. 평생 이렇게 흘러가고 만다면, 과연 내 삶은 무슨 의미가 있을까 싶어 허무하고도 불안했다.

미국 실리콘밸리에서 10년 넘게 일했던 패트릭도 나와 다르지 않았다. 패트릭은 전자제품의 사용설명서를 만드는 기술 전문 저술가로 일했다. 하루가 다르게 새 전자제품이 쏟아져나왔기 때문에 일은 끊임없이 몰려왔고 그만큼 연봉도 두둑해졌다. 하지만 경력을 쌓아갈수록 불어나는 통장 잔고와 달리, 하루하루 기계처럼 일하는 자신의 가슴은 텅 비어 있는 느낌이었다고 했다.

그런데 다행히도, 그렇게 짜여 있는 줄로만 알았고 따라가야만 한다고 여겼던 '틀' 바깥을 엿볼 기회가 있었다. 패트릭은 친구를 따라간 버닝 맨 축제Burning Man Festival. 1986년 처음 시작되어 매년 8월 말 네 바다 주 블랙 록 사막에서 펼쳐지는 예술 축제. 수만 명의 사람들이 관람자가 아닌 참가자로서 직접 축제를 만들고 즐긴다에서 엄청난 감동을 받았고 이날 다른 삶을 상상하게 됐다. 그 축제에 온 사람들은 각자 준비해온 예술 세계를 마음껏 펼치고, 모든 걸 돈 없이 무료로 나누고, 다툼이나 경쟁 없이 모두가 평화롭게 즐거움을 만끽했다. 사막 위 유토피아처럼 생생하고 아름답게 열렸던 그 축제에 다녀온 후 현실이 다르게 보였다. 이제껏 쭉 당연하게만 여기며 살아온 것들이 어쩌면 당연한 게 아닐지도 모른다는 생각과 함께, '정상'과 달라도 더 뜻 깊고 알찬 삶이 존재할지도 모른다는 가능성을 봤다고 했다.

서울의 나에겐 주말텃밭이 그랬다. 매주 일요일 이른 아침부터 밭으로 가서 해의 움직임에 따라 차차 올라가는 온도를 몸으로 실감하며 땀 흘려 일하다보면 말 그대로 '숨통이 탁 트였다.' 두 손 가득 흙을 만지고 맨발로 땅을 밟아가며 참 즐겁게 일했다. 온종일 행복했던 탓에 저녁 늦게 서울로 돌아오는 길엔 피곤한 줄도 몰랐다.

그렇게 미국과 한국에서 각자 틀 바깥의 세상을, 다른 가능성들을 찾아가던 우리는 2011년 6월에 처음 만났다. 패트릭은 막 직장을 그만두고 사진 프로젝트를 준비하면서 아시아를 여행하다가 한국에 도착했다. 서울의 사진가를 만나보고 싶다는 생각에 '카우치서핑'소파(couch)를 옮겨 다니는(surfing) 여행을 뜻하는 웹사이트. 현지인은 여행자를 위해 집을 무료로 제공하고, 여행자들은 경험을 공유한다. www.couchsurfing. com에서 '서울' '사진'이라는 키워드를 쳤고, 수많은 서울의 사진가들 중 하나였던 나에게 쪽지를 보냈다. 언어가 달라 조금 답답하긴 했어도, 첫 만남부터 언어의 장벽을 훌쩍 뛰어넘어 서로 공감하는 점들이 참 많았다. 현대문명과 도시의 삶에 대한 불안, 더 조화롭고 자유롭게 살고 싶다는 의지, 지금보다 나은 세상을 향한 희망처럼 마음속에 늘 품어왔지만 아무하고나 쉽게 나눌 수 없었던 주제로 깊고 넓은 대화를 나눌 수 있다는 게 기뻤다.

그렇게 해서 이 생의 동반자와 함께 걷는 길이 시작되었다. 그가 미국으로 돌아가고 난 후로도 이메일과 영상통화로 꾸준히 대화를 이어갔다. 늦여름 무렵 패트릭은 자신이 지닌 재주를 잘 활용할 수 있고, 세상에 좋은 영향을 미칠 수 있는 일을 고민하다가 생태, 환경, 예술 분야를 다루는 웹진 'Sociecity'를 시작했다. 나 역시 꾸역꾸역 힘겹게 다니고 있던 직장을 그만두고, 주말텃밭을 이어가며 귀농을 비롯한 다른 삶의 가능성을 찾아 나섰다.

그리고 늦가을, 창원에서 열린 '생태교통총회'라는 박람회를 취재하러 패트릭이 다시 한국에 왔다. 그 일정이 끝나고 돌아가기까지 남은 시간을 어떻게 보낼까 생각하다가 아이디어가 떠올랐다. '자연농'이라는 독특한 방법으로 농사를 짓고 있는 분을 알고 있는데, 그분을 인터뷰해서 웹진에 올리면 어떻겠느냐고 제안했다. 패트릭에게 한국의 농촌 풍경을, 특히 늦가을 단풍으로 물든 산을 보여주고 싶었다.

그리하여 거창한 기대 없이 소풍 나서는 기분으로 홍천의 최성현 님을 찾아갔다. 한 시간도 채 되지 않는 짤막한 인터뷰를 담고 나서, 아궁이 앞에 모여 앉아 고구마와 밤을 구워먹으며 늦은 밤까지 이야기를 이어갔다. 다음 날 서울로 돌아오는 길, 어째서인지 마음이 벅차올랐다. 분명 농사에 대한 이야기였는데, 놀랍게도 우리가 오 랫동안 고민해온 여러 문제들이 다 담겨 있었다. 언제나 경쟁하듯 부대끼며 살아오는 동안 내내 품었던 의문, '아무래도 이 길은 아닌 것 같다. 그렇다면 어디로 가야 할까?'의 답이 바로 그 작은 논밭에 있었다. '원래 천국인 지구 위에서, 사이좋게 어울려 함께 살아가기.' 아주 단순하지만 강력한 답이었다. 붐비는 전철 속에서, 빌딩 가득 한 서울을 바라보며 내내 그 질문과 답을 곱씹었다.

이어진 겨울 내내 인터뷰 녹음을 풀어가며 번역을 시작했다. 그 러면서 자연농에 관한 책들을 찾아 읽었다. 점점 더 알아갈수록 이 렇게 중요한 자연농이 잘 알려져 있지 않다는 게 안타까웠다. 더 많 은 사람들, 특히 우리처럼, 어디로 가야 할지 몰라 헤매는 도시 사람 들이 자연농을 알게 된다면 분명 도움이 될 것 같았다. 일단 이 인터 뷰를 잘 정리한 다음 어떤 길이 있을지 고민해보려고 했는데, 그게 '장편 다큐멘터리 영화'가 될 줄은 정말이지 꿈에도 몰랐다. 패트릭 은 다큐멘터리 아이디어를 제안하면서, 우리 둘 다 사진을 찍을 줄 아니까 영상 촬영도 어렵지 않을 거라고, 게다가 내가 편집자로 일 했으니 편집도 쉽게 가능할 거라고 했지만 마음속으론 영 자신이 없 었다. 내가 미적거리는 동안, 패트릭은 계획서를 쓰고 세부 일정을 준비하며 차차 긴 여정을 떠날 채비를 했다.

만약 혼자였다면 도저히 나서지 못했을 길이었지만 둘이었기에, 그리고 여러 마음들이 그 위에 더해졌기에 어렵게나마 출발할 수 있었고 쭉 이어갈 수 있었다. 그렇게 해서 우리는 2012년 봄부터 2013년 여름까지 일본 전역의 농부들을 만나 인터뷰를 담았고, 틈틈이 한국과 미국에서도 추가 인터뷰를 진행했다. 통역, 번역 같은 도움이 필요할 때면 알음알음 이야기를 전해 들은 인연들이 나타나 선뜻 손을 빌려주었다. 한창 인터뷰가 마무리될 즈음 패트릭은 영국 에든버러 대학의 'Art, Space & Nature' 전공 석사과정을 시작했다. 그리고 그곳에서 만난 인연들 덕분에 전시회, 프로젝트 같은 다양한 기회를 얻어 함께 진행하면서, 편집 작업을 이어갔다. 그렇게 총 4년 이라는 기나긴 제작 기간을 거쳐 마침내 2015년 가을, 다큐멘터리 〈자연농Final Straw〉(이하 다큐 〈자연농〉)이 완성되었다.

완성은 끝이 아닌 또 다른 시작이었다. 어떻게 이 작품을 내보 내고 알려나가면 좋을지 고민하면서, 기존의 영화 배급업체와 이야 기를 나눈 적도 있었다. 하지만 결국 우리는 그동안 해온 것처럼, 좀 서툴고 느리지만 우리의 목소리로 알리는 방식을 택했다. 다양한 경 로를 통해 한국, 일본, 미국, 영국에서 총 100회가 넘는 크고 작은 상 영회들을 열었고, 2,000여 명이 넘는 관객들과 만났다. 그리고 상영 회를 열어가는 중에 다큐멘터리를 책으로 만들어보자는 제안을 받 았다. 그 결과물이 바로 여기 있다. 64분짜리 다큐멘터리에 다 담지 못한 자세한 인터뷰 내용과 우리가 지나온 과정을 빠뜨림 없이 모아

담으려 애썼다.

이렇듯 다큐멘터리에 이어 책까지, 대책 없이 시작했던 긴 여정이 마무리되어 가는 지금, 여전히 우리는 길을 걷고 있다. 정해진 거처도 생계를 유지할 수단도 없이, 불안정한 삶이 쭉 이어지고 있다. 솔직히 이 여정을 시작할 때는 앞으로의 삶이 어떻게 나아갈지, 무엇을 하며 어떻게 먹고 살 수 있을지와 같은 걱정과 불안을 늘 껴안고 살았다. 하지만 지금의 나는 이 불안정한 삶이 더 이상 불안하지 않다. 가와구치 요시카즈 님의 말씀처럼 '우주'를 마음에 품고 그때그때 필요하다고 여겨지는, 가슴이 시키는 일을 따라가려고 노력한다. 이 길이 어디로 향할지, 어떻게 이어질지는 알 수 없지만 우리가 거듭해서 보고 듣고 배워온 자연농의 답, '이 지구 위에서 사이좋게 어울려 살아간다'라는 원칙을 잊지 않고 실천한다면 결국 바른 길일 수밖에 없다는 걸 알기에 안심할 수 있다.

그동안 걸어온 길을 쭉 짚어보니, 이제야 '왜 자연농인가?'라는 질문에 대한 답을 어설프게나마 꺼내놓을 수 있게 되었다. '우리가 가야 하는 길, 참된 길'이기 때문이 아닐까. 우리보다 앞서 이 길을 걸으며 힘닿는 대로 우리를 이끌어주었던 선배님들께, 함께 손잡고 길을 걷고 있는 든든한 친구들에게 진심으로 고마움을 전한다. 그리고 더 많은 이들이 이 아름다운 길에 접어들기를, 그리하여 본디 천국인 이 지구 위에서 다함께 더욱더 행복해지기를 바란다.

1

풀과 벌레와 싸우지 않습니다

최성현

도시 청년의 이중생활

　도시에서 나고 자란 데다 친척집마저 서울이었던 내게 '시골집'은 늘 동경하면서도 도저히 손에 넣을 수 없는 신기루였다. 동화책에서 온갖 따사로운 시골 이야기들을 읽을 때마다, 명절이 끝나고 외갓집에서 맛난 음식을 잔뜩 먹고 왔다는 자랑을 들으면서, 방학을 맞아 시골 친척집에 가서 지내다 올 거라는 친구의 이야기에 귀를 쫑긋 세우며, '아…, 나는 가고 싶어도 갈 시골이 없는데…' 하고 부러워만 했다.

　한참 시간이 흘러 대학생이 되어서야 농활농촌봉사활동로 시골을 처음 만났다. 하지만 막상 시골에 가 보니, 줄곧 머릿속으로 그려 왔던 풍경과는 거리가 멀었다. 도착하자마자 바로 시작한 모내기부터가 그랬다. 퀴퀴한 냄새가 풍겨오는 거무튀튀한 진흙 속에 다리를 파묻는 기분도 찝찝했거니와, 제 몸무게보다 10배 넘는 피를 빨아들인다는 무시무시한 흡혈귀 거머리가 물어뜯진 않을지 겁이 났다. 새참의 즐거움은 잠깐이었고, 해 질 녘까지 이어진 고된 노동으로 팔다리엔 단단히 알이 배겼다.

일과를 마치고 돌아온 후에도 휴식 대신 부담스러운 술자리가 기다리고 있었다. 마을 어르신들과 선배들의 눈치 속에서 못 먹는 술을 끊임없이 들이켰다. 숙취와 근육통 그리고 밤새 물어뜯긴 모기에 힘들어하며 '내가 왜 여길 왔을까' 하는 자책이 들끓었다.

몸과 마음이 지쳐서 그랬을까. 가는 길에 만난 시골길 풍경도 영 암울했다. 빼곡한 비닐하우스와 밭을 뒤덮은 검은 비닐, 매캐한 쓰레기 태우는 냄새까지, 어린 시절부터 줄곧 품어온 시골에 대한 환상이 와장창 깨지는 듯했다. 힘겹게 일정을 마치고 돌아와서도 그 기억이 앙금처럼 남았다. 『녹색평론』 같은 생태·환경 분야의 책을 찾아 읽으며 언젠가는 나도 자연 속에서 농사를 지으며 살고 싶다고 쭉 생각해왔지만, 그럴 때마다 우울한 농활의 기억이 발목을 잡아끄는 것 같았다.

또다시 강산이 한 번 바뀔 만큼의 시간이 지나, 빡빡한 직장 생활에 시름시름 지쳐가던 20대의 막바지에 주말텃밭 모임을 시작했다. 딱딱한 의무나 규율 없이, 선배나 마을 어르신 들의 눈총도 없이,

그저 마음 맞는 친구들과 내키는 대로 쉬엄쉬엄 놀이처럼 해나가는 농사일은 마냥 즐겁기만 했다. 오랜 도시 생활에 지쳐 있던 내겐 매주 일요일 아침 일찍부터 저녁 늦게까지 텃밭에서 보내는 하루 그 자체가 휴식이었다. 조심스레 뿌린 씨앗이 바로 그다음 주 쑥쑥 싹을 틔우며 자라고 있는 모습을 보면서 콩닥콩닥 설레고 들떴다.

그렇게 직장인 겸 주말농부로 바삐 이중생활을 이어가던 늦봄 무렵, 농사 모임 친구들과 함께 강원도 홍천의 최성현 님을 찾아갔다. 모내기를 도우러가자는 제안을 듣고 걱정이 앞섰지만, 이른 봄 강연에서 처음 뵈었던 최성현 님의 따듯한 미소도, '자연농'이라는 독특한 방식으로 농사를 짓고 있다는 논밭도 보고 싶었다.

새벽부터 출발해서 아침 일찍 도착했다. 곰실이라는 예스런 이름의 골짜기 안쪽, 나지막한 오르막길을 올라 논에 닿으니 아침 안개 너머로 아득한 산 능선들이 차곡차곡 포개어져 감탄을 자아냈다. 미소가 서로 닮은 최성현 님과 부인 바다(별칭) 님이 우리 일행을 맞았다. 평소에는 두 분만으로도 일손이 충분하지만, 하루나 이틀 안에 다 마쳐야 하는 모내기와 추수 때는 도움이 꼭 필요해서 전국 각지의 친구들이 모여 일을 거든다고 했다. 둘러보니 남녀노소 각양각색의 일꾼들이 총 열댓 명쯤 되었다. 앳된 꼬마 친구들과 엄마부터, 연세 지긋한 어르신 그리고 풍성한 파마머리가 독특한 청년, 콧수염과 턱수염을 짙게 길러서 꼭 외국인처럼 보이는 청년, 여행 중 구해왔다는 독특한 삿갓을 쓴 친구 등등 제각각 다 달랐다. 무지개만큼 다채로운 일꾼들 모두 논 가장자리에 쭉 늘어섰고, 그 앞에서 최성현 님이 어떤 방식으로 모를 심어야 하는지 알려주셨다.

논 한쪽 편에 볍씨를 뿌려서 이른 봄부터 쭉 길렀다는 어린 모들은 한 뼘도 안 될 만큼 작았지만 푸릇푸릇 싱싱했다. 뿌리가 다치지 않도록 조심스레 삽으로 퍼서 모판에 담은 다음, 그 모판을 옮겨 논 바깥쪽부터 차차 심어나간다고 했다. 땅을 갈지 않는 데다, 이전 해 자랐던 작물의 밑동이 고스란히 남아 있는 논에 모를 심는 방식은 독특했다. 팔뚝보다 좀 짧은 길이에 엄지보다 조금 굵은 나무 막대로 모 심을 곳에 손가락 두 마디 정도 깊이로 구멍을 낸 다음, 살며시 모를 넣고 주변 흙으로 덮어주면 끝. 저마다 속도가 다르다 보니 처음엔 한 줄을 다 심고 못줄을 넘기기까지 시간이 제법 걸렸지만, 따로 또 같이 각자 간격을 맞추어가며 부지런히 논에 모를 채워나가기 시작했다.

할 수 있는 만큼, 무리하지 않고 즐겁게, 슬렁슬렁 해나가니 예상과 달리 힘들지 않고 오히려 재밌었다. 솜씨 좋은 바다 님의 맛있는 새참도, 일과 후 저녁밥상과 함께 시원하게 들이키는 막걸리 사발도 모두 좋았다. 따끈한 아랫목에 둘러앉아 이야기를 주고받던 늦은 밤까지 내내 웃느라 바빴다.

이렇게 살짝 맛보기로 만나본 '자연농'은 무척 즐거운 기억으

로 남았지만, 그것이 정확히 무엇인지는 여전히 잘 알 수 없었다. 몇 달이 지나 패트릭과 함께 최성현 님을 찾아뵙고 이야기를 나누면서부터 비로소 그 실마리를 차차 짚어갈 수 있었다. 시끌벅적하던 모내기 때와 달리 이번 일행은 나와 패트릭 둘뿐이었다. 면 소재지까지 마중을 나온 최성현 님은 몇 달 전과 꼭 같은 모습으로 우릴 반겨주셨다. 탈탈거리는 트럭을 타고 도착한 곳은 산기슭 작은 밭. 내년부터 여기서 밭농사를 시작한다고, 겨우내 자랄 호밀을 뿌리는 중이라고 하셨다. 묵직한 양동이를 건네받아 호밀을 뿌리고, 흩어져 있던 큰 돌들을 모아 수레에 담아 옮겼다. 한 시간 남짓 바삐 몸을 움직이고 나니 이마에 땀이 맺혔다.

얼추 일을 마친 후 아직 볕이 남아 있는 밭 한쪽 구석에 앉아 막걸리를 따르며 인터뷰를 시작했다. 고즈넉한 밭 위에 세 사람이 오붓하게 둘러앉아서, 늦봄 모내기 때부터 품어온 여러 질문들을 꺼내놓기 시작했다. 인터뷰 진행이 처음이었던 우리는 여러 면에서 서툴렀다. 다만 곰곰이 이어지는 답변을, 고개 끄덕거리며 차근차근 받아들이고 제대로 이해하려고 힘껏 노력했다.

농사, 오직 인류만이 하는 일

첫 질문을 어떻게 시작하면 좋을까요. 우선 자연농이란 무엇인지 궁금합니다. 어떻게 정의할 수 있을까요?

음…, 먼저 우리가 살아가고 있는 곳에 대해 생각해볼까요. 우리는 우주를 나와 별개로 보기 쉽지만, 알고 보면 둘이 아니지요. 우주는 말하자면 '큰 나'입니다. 나와 분리될 수 없는 또 하나의 나, 그게 지구이고 우주입니다. 그리고 이 우주 안에서 지구는 정말 기적과도 같은 별이에요. 현대과학이 이야기하다시피, 풀이 있고, 물이 있고, 꽃이 피고, 나비가 있는 별은 이 지구밖에 없지요. 그러므로 이 지구에서 살고 있는 것 자체가 축복이고 기적이에요.

그런 지구별에서 오직 우리 인류만이 농사를 짓고 삽니다. 농사가 지구에 미치는 영향은 대단히 큰데, 현대농업은 이 기적 같은 지구를 사막처럼 만들고 있어요. 예를 들어 대형 기계로 땅을 갈면 해마다 겉흙이 아주 많이 유실됩니다. 게다가 제초제로 풀을 죽이고, 농약으로 벌레를 모두 죽이죠. 여기 이 밭도 이제까지 그런 잘못된 방식으로 쭉 농사를 지어왔어요. 병약한 밭을 만드는 길을 걸어온 거지요. 지금부터는 이 밭에서도 가장 자연에 가까운 농사를 지으려 합니다. 그래서 이렇게 첫 작업으로 호밀을 뿌리고 있고요.

자연농이란 첫째는 땅을 갈지 않는 겁니다. 그것이 시작입니다.

땅을 갈지 않으면 풀과 벌레, 미생물, 작은 동물 들이 이 밭에서 온전히 건강하게 함께 살아갈 수 있습니다. 그 과정에서 땅은 절로 좋아집니다. 비옥해지고 병충해 피해도 사라집니다. 무비료, 무농약의 길이 열리지요.

현대농업에서는 땅을 갈고 비료를 주고 농약을 치는 게 당연하잖아요. 말씀을 듣고 보니 그건 자연스럽지 않고, 억지스러운 방법이네요.

그렇죠. 비료는 오히려 땅을 병들게 만들어요. 이렇게 땅을 갈지 않고 호밀과 같은 풋거름 풀로 건강한 밥을 주면 '숨은 원'이 회복됩니다. 지구를 건강하고 깨끗하게 만드는, 보이지 않는 '숨은 원' 말이죠. 다른 말로 하면 먹이사슬인데, 신비하게 이어져 있는 그 숨은 동그라미 덕분에 모든 게 끊임없이 태어나고 죽어도 자연스럽게 처리됩니다. 생각해봐요. 나무, 벌레, 동물 등등 모든 게 다 죽는데, 우리 눈에는 시체 무더기가 아닌 건강하고 깨끗하고 향기로운 자연뿐이잖아요?

이 숨은 동그라미 안에 건강한 밥이 있습니다. 비료나 퇴비가 아니라 땅에 나는 풀이 더 건강한 밥이지요. 그리고 풀이 있으면 벌레와 미생물이 그 풀을 먹으며 살아가고, 그 과정이 그대로 땅을 비옥하게 만듭니다. 현대농업에서는 벌레나 잡초와 늘 싸우지만, 자연

농은 그렇지 않아요. '숨은 원'이 되살아나면, 병충해나 벌레로 고생할 일이 줄어들고 사라집니다. 그러면 농사를 짓는 사람도 이 지구가 얼마나 대단한 별인지, 감사와 축복을 경험하게 돼요.

먹이사슬에 대해서는 익히 들어왔지만, 말씀하신 '숨은 원'에 대해서는 생각해본 적이 없는데, 무척 놀랍고 흥미롭네요. 이 자연농은 언제 어떻게 처음 시작되었나요?

'현대의 노자'로 알려진 일본의 농부 후쿠오카 마사노부1913~2008 씨가 자연농법의 창시자로 알려져 있습니다. 땅을 갈지 않는 무경운을 바탕으로 무비료, 무농약, 무제초의 '4무농법'이라는 새로운 방식을 제창했지요. 그동안의 현대농업은 쭉 지구를 파괴하는 방식으로 발달해왔어요. 계속해서 자연으로부터 이탈하면서 반성 없이 그 길을 달려왔지요. 그런 점에서 후쿠오카 마사노부 씨의 자연농은 인류 역사의 커다란 터닝 포인트라고 볼 수 있어요. 방황하는 탕아의 길에서 돌아와, 다시 대자연이라는 어머니 품속에 안겨 살아가는 길을 찾아냈기 때문이지요. 자연농은 사람이 벌레나 풀과 싸우지 않고, 모두 조화롭고 행복하게 지낼 수 있는 길이에요. 우리 인류는 지구가 얼마나 기적 같은 별인지 모르고 불행하게 살고 있지요. 지구에서 어떻게 살아야 하는가를 아직 모르고 있다는 겁니다. 계속 싸우고만 있으니까요. 그 싸움이 환경오염으로 이어지고 지구를 더럽히고 있지요. 그런 점에서 자연농은 지구에서 우리가 어떻게 살아야 하느냐 할 때 가장 좋은 방법이라는 게 제 생각입니다.

오늘 저희가 했듯 겨우내 자랄 호밀을 뿌리는 일도 '숨은 원'을 되살리는 노력이 되겠군요.

그렇지요. 그동안 빼앗기만 한 걸 돌려주는 겁니다. 기계를 쓰고 화학물질을 쓰며 농사를 지어온 이런 밭에는 돌려주는 작업이 필요한데요, 여기서는 호밀입니다. 풋거름 풀에는 호밀 외에도 수수, 헤어리베치, 보리, 밀, 유채, 자운영, 클로버가 있고요. 오늘 뿌린 이 호밀은 내년 5~6월쯤에 어른 키만큼 자라게 됩니다. 적잖은 양이지요. 그걸 밭에 밥으로 주는 겁니다. 물론 이 일은 늘 하는 일은 아니에요. 땅이 살아나면 안 해도 되지요.

앞으로 이 밭은 더 이상 벌거숭이가 되지 않을 겁니다. 여기서 자라나는 풀과 작물로 늘 덮여 있는 상태가 됩니다. 그렇게 땅을 갈지 않고 벌거숭이로 만들지 않으면, 땅의 벌레와 미생물, 작은 동물이 모두 즐겁게 살아가게 됩니다. 그 가운데서 이 밭은 건강을 되찾고, 더 이상 비료가 필요 없게 되지요. 더 병약해지지 않고 건강해집니다. 본래 지구가 가진 놀라운 세계가 꽃피워지지요. 저는 지구가 천국이라고 봐요. 천국이 있다면 지구고, 이 길이 천국을 복원하는 길이라는 겁니다.

최성현   27

'천국을 복원한다'는 게 참 인상 깊습니다. 원래 있던 천국으로 되돌아가는 길이라고도 볼 수 있겠네요. 다른 질문입니다만, 이 자연농 방식으로도 자급이 가능한지 궁금합니다.

물론이지요. 어렵지 않습니다. 저희 부부는 논 430평에 밭 500평 정도, 합쳐서 1,000평 규모의 농사를 짓고요, 함께 사는 부모님은 밭 500평을 하십니다. 우리 3대 다섯 식구는 쌀을 비롯하여 거의 모든 작물을 자급하고 있습니다. 콩, 팥, 옥수수, 고구마, 감자, 녹두, 고추, 들깨, 땅콩, 마늘 그리고 배추, 무를 포함한 여러 가지 채소를 키우죠. 우리 식구만을 위해서라면 면적이 더 작아도 되지만, 어머니는 친척과 지인 들에게 많은 양을 나눠주십니다.

전에 살던 곳에서 여기로 옮겨와 농사를 시작한 초기에는 부모님이 저를 전혀 이해하지 못하셨어요. 그러다 제가 하는 방법으로도 농사가 잘 되는 걸 보면서 차차 넘어오고 계세요. 땅 만들기가 중요하다는 걸 인식하신 정도지만요. 땅을 갈지 않아도 되고, 농약을 쓰지 않아도 된다는 건 아직 모르시는데, 앞으로도 아마 모르실 거 같아요. 하지만 더 바라지 않아요. 각자의 방식에 서로 간섭하지 않는다는 불가침 조약을 받아들여주신 것만으로도 고맙게 여기고 있습니다.

지구라는 숨은 원

　부족한 영어 실력으로 패트릭을 위해 동시통역을 진행하느라 마음이 몹시 분주하면서도, 최성현 님의 이야기를 듣는 내내 놀라웠다. 이 흥미진진한 이야기를 그동안 모르고 있었다니, 마치 자연농이라는 거대한 세계를 빼꼼히 엿보는 듯한 기분이었다. 산기슭 밭에서 아래쪽 논으로 향하며 패트릭에게 이런 감상을 전했다.

　"그동안 직접 모내기도 돕고 자연농에 관한 책도 몇 권 읽었지만, 자연농이 진짜 어떤 것인지는 모르고 있었어. 오늘에서야 자연농에 대해 좀 더 제대로 알게 된 것 같아." 내 말을 듣고선 패트릭도 고개를 끄덕이며 말했다. "그러게. 며칠 전 다녀왔던 '생태교통총회'에선 솔직히 실망이 컸거든. 폭넓은 생태·환경문제를 작은 조각으로만 나누어 다루고 있어서 해결 방법이 영 손에 잡히지 않는 느낌이었어. 그런데 이분은 농사에 대해서뿐만 아니라 생태, 환경, 현대 문명에 관한 큰 그림을 들려주셔서 정말 놀라워." 그렇게 각자의 소감을 주고받으며 도착한 아래쪽 논에서 다시 인터뷰를 이어갔다. 그새 해가 산을 넘어가고 주위가 어둑해지기 시작했다. 온도가 뚝뚝 떨어지는 게 피부로 느껴지고 찬바람에 오슬오슬 몸이 떨렸지만, 이어질 이야기들이 궁금해 질문을 멈출 수 없었다.

여기가 지난 봄 함께 모내기했던 논이지요? 저희가 모를 심던 때와 완전히 달라진 풍경이네요.

네. 보름 전에 호밀을 뿌렸는데 벌써 이만큼 자랐어요. 저기 보이는 이웃 논은 기계화학농, 이른바 관행농의 논인데, 자세히 보면 제 논 풍경과 많이 다릅니다. 저 논은 벼 포기 말고는 논에 아무것도 남아 있지 않지요? 반면 저희 논은 돌려준 볏짚으로 논 전체가 덮여 있습니다. 그 아래 호밀이 자라고 있고, 온갖 풀과 벌레 들이 안에서 살고 있어요. 종류도 많고, 개체수도 많은 이들 덕분에 앞으로 이 논은 해마다 건강해집니다. 그러다 보면 머지않아 외부의 힘에 전혀 의지하지 않고 건강하게 벼를 길러낼 수 있는 논이 될 거예요. 하지만 저 이웃 논처럼 나머지 방식에서는 그게 불가능하지요.

저는 이 논을 한 마리 소라고 여겨요. 둘 다 살아 있는 생명이고, 내가 하기에 따라 건강해지거나 병이 들기도 하고, 풀을 좋아한다는 점이 닮았기 때문입니다. 지난여름에 날마다 꼴을 한 짐 이상 베어주는 걸 제 하안거로 삼았던 것도 그런 이유 때문이었죠. 매일 비가 오더라도 풀을 베어서 '밥'을 주기로 하고, 줄을 따라 벼 사이에 풀을 뿌려주었습니다. 그렇게 했더니 그 풀이 거름도 되고 김매기 역할도 해서 일석이조였어요. 워낙 오랫동안 화학비료에만 의존해서 벼를 키워온 논이기 때문에 초기에는 그런 보살핌이 필요합니다.

화학비료가 아닌 건강한 '밥'을 땅에 준다는 게 참 흥미로워요.
간단한 이치인데 많은 사람들이 잊고 있네요. 저도 그동안 텃밭
농사를 지으면서 당연히 퇴비를 줘야 한다고 여기고 있었어요.

땅도 사람과 같아요. 좋은 걸 먹어야죠. 여기 이 논은 2년째 땅
을 갈지 않고 논에서 난 것을 모두 되돌려줬어요. 조금 들춰보면 겹
겹이 쌓인 볏짚과 왕겨, 베어놓은 풀, 시들어 죽은 풀이 가득합니다.
이 안에 엄청난 숫자의 벌레와 미생물이 살고 있어요. 이 풀을 '밥'
과 '집'으로 삼으며 살고 있지요. 그 속에서 '숨은 원'이 되살아나면
서 땅은 절로 비옥해져가고, 병충해 문제도 사라져갑니다. 인간이
미처 생각지도 못했던 일들이 거기서 일어납니다. 그저 고개를 숙일
수 밖에 없는, 경이로운 일들이 여기서 벌어지지요. 그걸 보고 있으
면 '아, 자연은 정말 대단하구나. 정말 아름답구나' 하는 느낌이 절
로 듭니다.

이런 일이 있었어요. 작년인가 고추를 심을 때였는데요, 저희
어머니는 병충해를 막으려면 땅에 약을 뿌려서 벌레들을 다 죽인
뒤 농사를 시작해야 한다고 하셨죠. 물론 저는 절대 안 된다고 반대
했고요. 결국 제 말대로 하게 됐는데, 고추를 심고 나서 벌레가 보였
어요. 거세미나방 애벌레였는데요, 그 벌레는 이상하게도 고춧대를
똑똑 잘라놓아요. 먹지도 않으면서요. 밤새 그렇게 해서 하룻밤에
도 여러 포기를 망가뜨립니다. 농부로서는 곤란하죠. 어머니는 당장

그 벌레를 잡아 죽이라고 하셨어요. 그때 저는 "그러면 안 됩니다. 만약 이 벌레를 죽이면, 친구들이 복수하러 올 거예요. 하나 잘라먹을 걸 수십 개씩 잘라먹을 거예요."라고 했어요. 어머니는 어이없다는 듯 황당한 표정을 지으셨죠.

그 뒤에 어떻게 됐을까요? 다행히 제 말이 맞았어요. 저는 벌레가 보이는 대로 죽이지 않고 길이나 풀숲으로 옮겨 놓았어요. '여기서 잘 살아'라고 말하면서 다치지 않도록 조심하며 가져다놓았죠. 그런데 정말 신기하게도 피해가 멈췄어요. 저도 거세미나방 애벌레가 내 뜻을 알아줄 거라고 자신하지 못했지요. 다만 그게 답이라는 건 알고 있었어요. 죽이는 게 길이 아니라는 것 말입니다.

식물이나 동물이나 종족 간의 집단의식이라는 게 있습니다. 의식을 공유한다는 겁니다. 예를 들면 어느 한 애벌레에게 일어나는 일을 같은 종류의 다른 애벌레들이 모두 공유한다는 거죠. 내게 일어난 일을 친구들이 모두 알게 되는 것과 같은 얘기입니다. 조금 더 깊이 들여다보면, 식물과 동물이 우리보다 낮은 지성 속에 살지 않는다는 겁니다. 그리고 우리가 한 일에 그들도 반응한다는 거죠. 내가 한 대로 받게 된다는 건데요, 그렇기 때문에 벌레 한 마리, 풀 한 포기에 관해서 우리가 어떤 태도를 갖느냐가 대단히 중요해요.

지구 안에서 인류는, 우리가 쭉 믿어왔던 것처럼 '가장 앞선 존재'라고 보기 어려워요. 많은 면에서 인류가 다른 생명들보다 더 낮

아요. 가장 질 낮은 삶을 살고 있다고 보면 틀림없어요. 천국인 지구를 파괴하면서, 어리석게 파괴자로 살고 있지요. 서로 돕지 않고, 싸우면서 살고 있어요. 인류는 다만 힘이 셀뿐입니다.

긴 여정의 시작

완전히 깜깜해지기 전 서둘러 인터뷰를 정리하고 마을로 내려오는 길, 발걸음이 무거웠다. 원래 천국인 이 지구를 파괴하면서 어리석게 파괴자로 살고 있다는 이야기가 묵직하게 마음에 남았다. 지금 살고 있는 이곳이 바로 천국인 걸 모르고, 끊임없이 더욱더 많은 것을 얻으려고만 하는 인간의 욕심, 그래서 점점 더 망가져가는 지구, 그동안 고민해왔던 여러 문제들이 한데 뭉쳐져 다가오는 것 같았다. 도시에서 직장인으로 삶을 이어가며 줄곧 벗어나고 싶었던 이유, 늘 마음이 불편했던 이유가 다시금 납득이 갔다. 그렇다면 나도 이렇게 자연농을 시작해야 할까? 그럴 수 있을까? 당장은 엄두가 나지 않는데, 과연 무슨 일부터 해야 할까? 그리고 어떻게 살아가야 할까? 꼬리에 꼬리를 물고 온갖 물음표들이 떠올랐다.

"저 산을 봐요. 참 아름답지요? 매일 이 풍경을 볼 수 있어서 기쁘다는 생각을 자주 한답니다." 최성현 님의 손끝엔 쪽빛 저녁 하늘과 빛나는 별들, 구불구불 이어지는 능선이 어우러진 풍경이 펼쳐져 있었다. 그제야 고민하고 걱정하는 나 역시 이미 이렇게, 여기 이 '천국'에 와 있다는 게 실감났다. 이미 도착해 있었지만 알아차리지 못하던 '천국'을 깨닫게 되었다는 게, 그리고 이 아름답고 풍요로운 '천국'을 되살려나가는 길을 만났다는 게 새삼 벅차게 다가왔다. 함께 걷던 패트릭에게 최성현 님의 말씀과 나의 기분을 전했더니, 자기 역시 마침 같은 생각을 하고 있었다며 환하게 웃어보였다. 그땐 미처 알지 못했지만, 돌이켜보니 다큐 〈자연농〉의 기나긴 여정이 막 시작되던 순간이었다.

°최성현

30년 가까이 직접 농사를 짓고 글을 옮기며 한국에 자연농을 소개하고 있다.『짚 한 오라기의 혁명』『생명의 농업』『신비한 밭에 서서』『사과가 가르쳐준 것』『가와구치 요시카즈의 자연농 교실』등을 우리글로 옮겼고,『산에서 살다』『좁쌀 한 알』『오래 보아야 보이는 것들』『시골 엄마의 선물』과 같은 책을 썼다. 자신의 논밭을 교재로 삼아 자연농을 가르치는 '지구학교(cafe.daum.net/earthschool)'를 운영하고 있다.

2

즐겁고 뜻있게 사는 인생을 꿈꿉니다

가가미야마 에츠코

인연을 따라가는 길

다큐멘터리 작업을 이어가면서, 세계 곳곳의 많은 인연들에게 꾸준히 도움을 얻었다. 특히 일본 후쿠오카 취재는 진행, 통역, 번역하는 과정까지 오하이오(별칭)라는 한국인 친구의 도움을 많이 받았다. 2009년 함양 온배움터에서 처음 만나 당시 한창 관심을 기울이고 있던 시골살이와 귀농에 대한 이야기를 주고받았고, 이듬해 동아시아 평화순례 '워크나인Walk 9'에서 다시 만나기도 했다. 그러다 한동안 소식이 뚝 끊겼는데, 2012년 봄 최성현 님을 통해 다시 인연이 이어졌다. "일본에서 자연농 취재를 하고 싶다고요? 오하이오라는 친구가 후쿠오카 쪽에 살고 있는데 아마 도움을 줄 수 있을 거예요."

그렇게 다시 만난 오하이오는 삶의 동반자 요코와 함께 자연농으로 농사를 지으면서 지역 공동체에 활발히 참여하고 있었다. 그동안 조사해온 후쿠오카의 자연농 농장들을 찾아가보고 싶다고 연락했더니, "전부 다 내가 아는 곳들이네요. 걱정 말고 오세요."라며 흔쾌한 답을 보내왔다.

그렇게 든든한 오하이오의 도움 속에서도, 가가미야마 에츠코 님의 농장 문턱은 꽤 높았다. 취재 요청 및 방문 일정을 묻는 질문에 가가미야마 님은 '인터뷰의 구체적 테마가 뭔지, 취재 후 어떤 형식으로 내보낼 건지, 주요 타깃은?'과 같은 여러 질문을 다시 보내왔다. 예상치 못한 반응이었다. 부랴부랴 자세한 취재 목적과 프로젝트 소개를 덧붙인 공식 취재의뢰서를 마련하느라 며칠에 걸쳐 진땀을 흘렸다. 오하이오는 "아마 어떤 내용이 필요한지 미리 알고 더 꼼꼼하게 준비하려고 물어보신 걸 거예요."라고 안심시켜 주었지만, '아무래도 엄청나게 깐깐하고 엄격하신 분이 아닐까? 실제로 만나면 얼마나 어려울까?' 하며 지레짐작하고서 겁을 먹었다.

가가미야마 님을 만나러 갔던 때는 5월 중순인데도 제법 쌀쌀한 날씨였다. 봄비 속에서 구불구불한 마을길을 거쳐 산 중턱에 자리 잡은 집을 찾아갔다. 꽃들이 소담스레 모여 있는 작은 뜰을 지나 현관문을 열었다. 크고 작은 액자와 장식품, 티끌 하나 없이 정갈하게 잘 정돈된 작은 공간 한쪽에 오도카니 놓인 흙 묻은 장화 한 켤레가 눈에 띄었다. 불협화음이라기엔 너무 자연스러운, 게다가 꼭 어린이 신발처럼 작아서 앙증맞게 느껴지는 장화를 보며 이 신발의 주인은 어떤 모습일지 상상해보았다.

"어서 오세요!" 내가 이런저런 상상을 하는 사이 앞치마를 두른 가가미야마 님이 나와 우릴 맞아주셨다. 아담한 키에 푸근하고 넉넉한 인상, 얼굴에 웃음이 아예 깊숙이 배어 있어서 눈가의 주름까지 자연스러운 표정이었다. 줄곧 머릿속으로 그려왔던 차갑고 단호한 이미지와는 완전히 딴판이어서 당황스러웠다. "날씨가 참 궂네요. 여기까지 오느라 고생하셨어요. 어서 들어오세요."라며 환한 목소리로 반겨주시는데, 마치 오래 알고 지낸 사이처럼 편안한 느낌이 들었다.

나무 빛깔이 은은한 집 안 역시 깔끔하고 반듯한 분위기였다. 나중에 알고 보니 오랜 기간에 걸쳐 부부가 직접 설계한 집이라고 했다. 한쪽 창으로 산 아래 풍경이, 다른 쪽 창으로는 초록빛 정원이 환하게 내다보이는 거실에 자리를 잡고 촬영 준비를 마쳤다. "한창 점심을 준비하고 있었어요. 이야기 좀 나누다가, 같이 점심을 먹고 나서 밭에 올라가 보면 어떨까요? 그때까지 비가 좀 그쳐주면 좋겠네요." 찻잔을 내려놓으며 덧붙이는 말투에도 다정함과 친절이 그대로 묻어났다. 따뜻한 김이 피어오르는 찻잔을 두 손으로 감싸 안으니 그동안 품어왔던 긴장과 걱정도 사르르 녹아내리는 것 같았다.

회피할 수 없는 문제들

20년 넘게 농사를 짓고 계시지요? 처음 자연농을 시작한 계기가 궁금합니다.

1986년 체르노빌 사고가 일어났습니다. 큰 아이가 막 6개월이 되던 때였죠. 뉴스를 듣고 저희 아이를 보면서, 앞으로 어떻게 살아야 하는가를 진지하게 고민하기 시작했어요. 그 당시 저는 초등학교 미술교사로 일했는데요, 정원과 텃밭 가꾸는 걸 아주 좋아했고 도시보다는 시골에서 살고 싶다는 생각을 품고 있었습니다. 그때쯤 가와구치 요시카즈 선생님을 처음 만났어요. 자연농에 대해 차차 알아갈수록 정말 놀라움의 연속이었습니다. 그분께 "저희도 자연농을 시작할 수 있을까요?" 하고 물어봤는데, "간단합니다. 바로 시작할 수 있어요."라고 대답하셨죠. 매일 먹는 쌀을 저 스스로 농사짓는다는 것은 전혀 생각해본 적이 없었지만, 그 대답을 믿고 작은 논농사를 시작했습니다. 그리고 주변 동료들과 함께 매년 두 번씩 가와구치 선생님을 초대해서 자연농에 대해 더 자세히 배우기 시작했습니다.

논농사와 밭농사를 함께하신다고요. 어떤 작물을 키우세요?

쌀, 감자, 토란, 콩, 가지, 토마토, 잎채소, 피망… 저희 가족이 매일 먹는 채소와 쌀을 농사짓고 있어요. 남편은 직장에 다니고, 저도 농사 말고도 여러 가지 다른 일들이 있어서 전부 다 자급하진 못하고 약 70퍼센트 정도 됩니다. 그리고 논밭이 산 바로 아래에 있다보니 동물들이 자주 내려와 피해를 입기도 해요. 지난주엔 원숭이가 와서 감자와 콩을 절반쯤 먹어버렸죠. 배불리 먹고선 가버렸어요.(웃음) 멧돼지, 오소리도 자주 옵니다. 그래서 심은 작물들을 모두 거두기 어려울 때가 있지요.

그렇군요. 일본뿐 아니라 한국에서도 많은 농부들이 산짐승 때문에 어려움을 겪곤 합니다. 이 문제에는 어떻게 대처하고 계시나요?

만약 먹이사슬이 건강하게 살아 있다면 생태계 역시 자연스레 균형을 유지하겠죠. 하지만 지금은 원숭이나 멧돼지, 오소리 같은 짐승들을 잡아먹을 천적들이 사라지고 말았어요. 옛날에는 늑대나 여우가 마을로 내려와서 가축을 잡아먹는 게 흔한 일이었죠. 그런데 언젠가부터 사람들은 그 위험하다고 여겨지는 동물들을 싹 없애버렸어요. 그 결과 지금의 불균형이 생겨났고요. 이런 불균형 상태에서 천적이 없는 멧돼지 같은 짐승들은 자꾸만 늘어나고, 먹을 게 부족하니까 마을로 내려와서 농작물을 해칩니다. 그래서 사람들은 논밭을 보호하기 위해 울타리를 치지요. 저희도 처음엔 그랬고요. 하지만 피해가 계속되고, 울타리를 보수하고, 이런 일들을 거듭하면서 차차 고민이 깊어졌어요. 단순히 방어하는 데 그치지 않고, 좀 더 나아가서 우리가 사라진 '늑대'의 역할을 맡아야 하지 않을까 생각했어요. 즉 멧돼지의 천적이 되어 멧돼지를 잡는 거죠.

처음엔 저도 생명을 잡아 죽인다는 데 거부감이 들었어요. 하지만 문제를 회피하지 말고 적극적으로 다뤄야겠다고, 더 넓은 시야에서 문제를 봐야겠다고 느꼈어요. 왜 이렇게 산짐승이 늘었나, 왜 자꾸 논밭을 해칠까, 어떤 게 바른 해결책일까… 비록 우리 인간의 좁은 시야 때문에 포식자 동물이 사라지면서 지금 이 불균형이 발생했지만, 계속 이 불균형이 깊어지도록 내버려둘 수 없다고 생각했어요. 필요한 역할, 이를테면 '숲의 지킴이' 같은 역할을 해야겠다고 결심했지요. 그래서 덫을 놓고 멧돼지를 잡았어요. 잡은 멧돼지는 저희가 직접 손질했는데요, 가죽을 벗겨내고 팔다리를 토막 내는 동안 눈물이 멈추질 않았습니다. 그렇게 얻은 고기를 이웃들과 나누고, 요리해 먹었어요. 처음으로 온 마음을 다해 고마움을 표하면서 그 고기를 먹었습니다.

그렇군요. 우리 인간이 사라져버린 늑대의 역할을 맡는다… 생태계의 균형이 무너진 시대에 여러 가지 생각을 하게 하는 부분이네요. 그런데, 마을에서 홀로 자연농을 하고 계시다고 들었어요. 주변 이웃들은 자연농에 대해 어떤 반응인가요?

우리 마을에서는 저희 가족을 빼곤 아무도 자연농을 하지 않습니다. 모두 다른 방식의 농사를 짓고 있고 농약을 치는 분들도 있어요. 하지만 그분들이 틀렸다고, 자연농으로 바꿔야 한다고 말하는 건 잘못이라고 생각해요. 다만 열심히 제 길을 가다 보면, 저희를 보면서 바뀌는 분이 있을 수도, 그렇지 않을 수도 있겠지요. 간혹 자연농에 대해 물어보는 이웃들에게는 제가 하는 방식을 알려드리기도 합니다. 그런데 '땅을 갈지 않는다'는 점을 전혀 받아들이지 못하시더라고요. 제 생각엔 '땅을 갈지 않으면 안 된다'는 고정관념이 아주 깊숙이 남아 있는 것 같아요. 특히 일본인들은 아주 부지런해서 밭에 풀이 많으면 게으름뱅이라고 생각해요. 풀 한 포기 없이 깨끗하게 농사를 지어야 훌륭한 농부라고 생각하죠. 잡초가 있으면 양분을 빼앗긴다고 여기고요. 자연농과는 아주 다른 관점이지요.

그래서 기존 농사를 짓던 분들은 자연농의 세계를 어려워해요. 한번 박힌 고정관념은 좀처럼 바꾸거나 없애기가 힘들죠. 그래서 의외로 유기농업을 하는 분들이 가장 자연농을 받아들이기 힘들어하세요. 오히려 씨앗을 한 번도 심어본 적 없는 사람들, 손에 흙을 묻혀본 적 없는 사람들이 자연농을 더 쉽게 이해합니다.

자연농을 함께 공부하고 실습하는 모임도 운영하신다고 들었습니다. 어떤 사람들이 주로 모이는지 그리고 모임은 어떻게 운

영되는지 궁금합니다.

모임에 오시는 분들은, 제가 그랬던 것처럼 도시에 살았거나 아직 살고 있는 사람들이 많아요. 도시 생활에 너무도 지쳐서 살아갈 힘을 잃어버린 사람들, 갑갑한 콘크리트 안에 갇혀 생명 본래의 것에 굶주려 있는 사람들, 그래서 그런 것들을 다시 찾고 싶어 하는 사람들이지요.

처음 이 모임을 시작한 건 1992년입니다. 그리고 2006년까지는 매년 두 번씩 가와구치 선생님을 초청해서 수업을 열었어요. 요즘은 초청 없이 저희가 직접 진행합니다. 두 달에 한 번씩, 1년에 여섯 번 열지요. 무리해서 이 모임을 알린다거나 하지는 않아요. 첫 시작도 사람들의 요청이 있어서 열었고요. 시작할 때 혹시 언젠가 아무도 오지 않는다면 그때는 이 모임을 끝내자고 했어요. 그러다 아주 추운 겨울날 진짜로 딱 한 사람만 온 적이 있었답니다. 다섯 사람이 한 사람을 가르치는 일이 벌어졌지요. 그다음 또다시 아무도 오지 않았다면 지금까지 이 모임이 이어지지 않았을 텐데 다행히 그런 일은 없었어요. 하지만 필요가 없다면 언제든 그만둘 생각입니다.

자연농이 아니면 절대 안 된다거나, 더욱더 많은 사람에게 적극적으로 자연농을 알리자는 방향은 아니에요. 하지만 세상에는 민감한 촉수를 지니고, 농사를 삶의 중심으로 두려는 사람들이 점점 더 늘어나고 있다고 봅니다. 지금은 매번 많은 분들이 찾아오고 있는데요, 적을 때는 60명, 많을 때는 100명도 넘어요. 매번 빠짐없이 오는 분들도 있지요. 이렇듯 자연농에 대한 관심이 점점 늘고 있다는 걸 느낍니다. 제 생각엔 이미 세상이 바뀌고 있고, 가까운 미래에는 더욱 자연스레 바뀌어가지 않을까 하는 희망이 있습니다.

100번째 원숭이에 대한 믿음

저도 공감합니다. 아직 한국의 자연농은 초기 단계이지만 관심을 가진 분들이 점점 더 많이 생겨나고 있으니까요. 가가미야마 님은 오랜 시간 자연농을 이어오면서 혹시 힘들고 어려웠던 때가 없으셨나요?

글쎄요. 그저 즐거움밖에 없었어요.(활짝 웃음) 힘든 것은 아무 것도 없었고, 그냥 즐겁기만 했어요. 처음 시작할 때 비슷한 마음을 품은 분들이 30명 정도 모였는데, 그땐 정말이지 재밌었지요. 수확량은 아주 적었지만 아름다운 자연 속에서, 맨발로 논에 들어가 모내기도 하고 김도 매면서 늘 기뻐했습니다. 아이들도 온종일 함께 뛰어 놀았고요. 그렇게 힘든 것 없이 즐겁기만 했지요. 다만 논과 집이 멀리 떨어져 있는 점이 어려웠어요. 한참 걸려 새 터전을 찾다가 이곳에 정착했습니다. 그 과정이 조금 어려웠지만, 돌이켜보면 무언가 단단히 마음을 먹으면 시간은 좀 걸리더라도 그 목표를 향해 자연스럽게 차차 나아간다는 확신이 있었습니다.

혹시 '100번째 원숭이'라는 동화를 아시나요? 실은 제 고향인 미야자키 현 고지마에서 일어난 실화를 바탕으로 한 이야기예요. 어느 날 새끼 원숭이가 바닷물에 고구마를 씻어먹었더니 훨씬 더 맛있다는 걸 발견합니다. 바닷물의 짠맛이 더해지면서 더 맛있어진 거지요. 처음엔 주변의 어린 원숭이와 암컷 원숭이 들이 그걸 따르기 시작했대요. 하지만 나이든 원숭이와 수컷 원숭이 들은 잘 바꾸려 하지 않았죠. 그러다 고구마를 씻어먹는 원숭이가 100마리가 넘어가자 고지마 안 모든 원숭이가 고구마를 씻어 먹기 시작했다고 합니다. 게다가 멀리 떨어진 섬의 원숭이까지도 그렇게 했다고 하고요. 인간처럼 인터넷으로 알리거나 편지를 쓸 리도 없는데 말이죠. 원숭이의 역사 속에서 어느 순간 동시적으로 고구마를 씻어 먹기 시작한 현상이 벌어진 거죠.

저는 사람도 마찬가지라고 봐요. 무엇보다도 스스로 즐겁고 뜻있는 인생을 사는 게 가장 중요하다고 생각합니다. 자연농 모임에 직접 찾아오신 분들과는 열심히 배움을 나누겠지만, 굳이 자연농을 알리고 퍼뜨리려는 노력을 하지 않아도 괜찮다고 생각합니다. 원숭이 이야기에서처럼, 적당한 시기가 오면 사람들의 의식 안에서 동시다발적으로 깨달음이 퍼져나가서, 자연농을 시작한다든지 전쟁을 그만둔다든지 같은 일들이 벌어지리라고 믿습니다.

"배고프지 않으세요? 일단 점심을 먹고 다시 이어가면 어떨까요?" 가가미야마 님의 제안에 인터뷰를 잠시 멈추었다. 그러고 보니 부엌에서 밥 짓는 냄새가 솔솔 풍겨오기 시작했다. 오고간 이야기를 정리하고 추가 질문할 내용을 짚어보느라 바쁘면서도, 주방에서 들려오는 지글지글 보글보글 소리에 귀를 쫑긋 세웠다. 얼마쯤 지나, "대부분 저희 밭에서 난 채소들로 만들었어요." 하는 소개와 함께 근사한 상이 차려졌다. 바삭바삭한 채소튀김, 처음 보는 초록빛 콩자반, 따뜻한 녹차를 부어 먹는 밥, 달콤하고 짭조름한 간장절임, 하나하나마다 정성이 가득 담긴 데다 신선한 채소들 덕분인지 정말 맛이 좋았다. "와, 맛있어요." "맛있게 먹고 더 드세요." 연신 감탄하는 내게 가가미야마 님은 넉넉한 웃음으로 화답하셨다.

깨끗이 그릇을 비운 다음, 다시 인터뷰가 이어졌다. 이번 인터뷰를 준비하면서 가가미야마 님이 자연농에 관한 책을 펴냈다는 걸 알았다. 자연농 재배방법에 대한 상세한 안내와 함께 손수 그림까지 그렸다는 설명을 보며 어떤 책일지 몹시 궁금했다. 혹시 그 책을 볼 수 있을지 물었더니, 책과 얇은 책자 한 꾸러미를 안고 나오셨다.

이 책이군요. 그리고 이 얇은 책자들은 무엇인가요?

자연농과 함께하는 삶을 글과 그림으로 엮어서, 매년 세 권씩 소식지를 펴냈어요. 처음 저희가 자연농을 배우기 시작하던 때, 가와구치 선생님은 1년에 두 번만 오셨지요. 그래서 다른 절기의 농사법이라든가, 여러 나누고픈 내용들을 모아서 가와구치 선생님께 감수를 받으며 소식지를 펴냈습니다. 처음에는 농사를 중심으로 한 저희의 생활을 공유하려는 목적으로 관심 있는 분들께 나눠드렸지요. 5년쯤 쭉 발간을 이어갔지만 나중에는 글을 쓰고 책을 펴내느라 농사에 집중할 시간이 부족해지는 바람에 그만두었습니다. 그때 많은 분들이 재배에 대한 부분만이라도 책으로 내지 않겠느냐고 요청했고요, 그래서 소식지 중 농사법만을 간추려낸 게 이 책이에요.

쭉 훑어보기만 해도 정성이 참 많이 들어간 소식지라는 게 느껴져요. 이 책자들을 모두 혼자서 만드셨나요?

처음엔 저 혼자였지만 나중에는 동료 3명과 함께 만들었어요. 글을 쓰면서 제 생각이 더 분명해지는 것 같아 좋았어요. 원래부터 글쓰기와 그림 그리는 걸 좋아하기도 했고요. 책자 맨 끝에는 '지렁이씨'라는 상품 목록도 넣었어요. 지금은 팔지 않는 옛날 도구들을 모아서 판매하는 분이 계세요. 낫이나 쟁기처럼 농사에 꼭 필요한 도구를 소개할 겸, 이 지역 판매상을 도울 겸 해서 같이 실었지요.

일본어를 읽을 수 없어서 그 내용을 자세히 이해할 수는 없었지만 정성을 가득 담아 만들었다는 게 훤히 보였다. 가는 펜으로 섬세하고 꼼꼼하게 그려진 그림들이 특히 좋았다. 그림체에서도 가가미야마 님 특유의 잔잔함과 포근함이 고스란히 묻어나는 것 같았다. "자, 그럼 이제 같이 밭으로 가볼까요? 다행히 비가 그쳤네요." 창밖을 보니 파란 하늘이 살며시 고개를 내밀고 있었다.

논밭이라는 가장 아름다운 캔버스

집에서 논밭까지는 구불구불하게 휘어진 흙길이 쭉 이어졌다. 산 아래 넓게 펼쳐진 논밭에는 한눈에 보기에도 수많은 작물들이 사이좋게 어울려 있었다. 전체 면적은 800여 평 정도로 넓은 편이지만, 그리 손이 많이 가지 않아서 가족끼리 힘을 모아 충분히 이어갈 수 있는 정도라고 하셨다. 가까이 들여다보니 레이스처럼 구멍이 숭숭 난 잎채소들이 보였다. 병충해는 심하지 않은지 질문을 건넸다.

"인간에게 이익이 되는지 아닌지를 떠나서 원래 자연이 있고, 그 안에서 작물도, 벌레도 함께 살아가지요. 벌레가 없으면 수정도 이루어지지 않아요. 가지도 호박도 수박도, 벌이나 벌레 없이는 아예 키울 수 없어요. 원래 인간 없이도 자연 안에서 작물은 저절로 자라지요. 그래서 저는 최대한 자연 그대로 두려고 해요. 마찬가지로 수확이 끝난 작물도 베어내지 않고 그대로 밭에 둡니다. 우리 사람도 그렇잖아요. 공동체에 어린아이부터 노인까지 다 있어야 조화를 이루듯, 밭도 그래야 한다고 생각해요. 작물이 스스로 생을 마감할 때까지 기다려주는 게 좋다고, 가와구치 선생님도 말씀하셨어요."

집안에서는 쭉 담담하게, 잔잔한 미소로 이야기를 이어가셨던 가가미야마 님은 밭으로 나오자 한 20년쯤, 아니 마치 10대 소녀처럼 젊어진 듯했다. 눈빛은 반짝반짝 빛났고, 입가의 미소는 훨씬 더 밝아졌고, 목소리 톤도 한층 더 높아졌다. "여기 좀 보세요. 이렇게나 잘 자랐어요." 마치 숨겨놓은 보물을 보여주듯이 환한 목소리로 신나게 이야기를 이어갔다. "즐거울 때 밭에 오면 더 즐거워지고, 마음이 복잡할 때 밭에 오면 마음이 정갈해집니다. '아, 그렇구나, 쓸데없는 일은 하지 않아도 되겠구나, 좀 지켜보자' 하고 깨닫죠. 인간관계에서 벌어진 문제들도 밭에 오면 가장 좋은 답이 나옵니다."

계속 이어지는 이야기를 들으면서 밭이 우리에게 주는 건 단지 먹을거리뿐 아니라 건강한 힘, 좋은 에너지가 아닐까 생각했다. 나역시 일요일마다 꼬박꼬박 주말텃밭을 다니며 그 놀라운 힘을 체험했기 때문에 더욱 공감할 수 있었다. 넉넉한 자연을 누리며 온몸을 움직이는 동안 굵은 땀방울이 흘러내리고, 몸 안 곳곳에 쌓여 있던 불안과 걱정, 스트레스가 모두 녹아내리는 것만 같았다. 마법처럼

신비로운 경험이었다. 그 경이로움을 나누고 싶어서 주변 친구들을 두루 텃밭에 끌어들였고 그럴수록 점점 더 즐거움은 눈덩이처럼 불어났다.

"이곳은 저의 캔버스와도 같아요. 그림을 그리듯이, 예를 들면 피망은 흰 꽃이 피니까 그 옆에는 자주색 꽃이 피는 가지를 심으면 좋겠다든가, 이 자리에 작년엔 가지를 심었으니 올해는 어렵겠다든가 하는 생각을 해요. 오크라는 2미터 이상 높이 자라니까 그림으로 치면 배경이 되겠지요. 그런 생각을 하면서 밭에 들어섰을 때 '아, 아름답구나!' 하고 느낄 수 있도록, 그림을 그리듯이 농사를 지어요. 하지만 실제로 이 캔버스에 그림을 그리는 건 제가 아니라 채소와 풀과 꽃 들이지요. 그런 게 재미있어요."

밭 곳곳에 서서 들려주시는 이야기들마다 자연 안에 어우러져, 그 안에 깃들어 살아가는 즐거움과 기쁨이 고스란히 묻어났다. 그리고 그 이야기들에 귀를 기울이는 동안 나도 덩달아 행복해지고 말았다. 아름답고 보람찬 삶, 자신의 삶이 한껏 만족스럽고 그 기쁨과 고마움이 자연스레 삶 속에 배어나서 주변 다른 생명들에게까지 좋은 영향을 미치는 삶, 자연 안에서 살아가는 모든 생명의 삶은 본디 이런 모습이어야 하지 않을까 생각하며 다시 그 밭을 둘러보았다. 가가미야마 님과 채소와 풀과 꽃 들이 모두 힘을 합쳐 그려낸 이 아름다운 그림 속에 머물 수 있다는 게 진심으로 기뻤다.

°가가미야마 에츠코鏡山 悦子

일본 후쿠오카 현 이토시마 시에서 자급 위주로 자연농을 실천하고 있다. 후쿠오카 자연농 학교와 이키산 자연농 학교의 운영진으로 활동하면서 자연농을 가르치는 일에도 열심이다. 저서로는 『가와구치 요시카즈의 자연농 교실』(아라이 요시미, 가가미야마 에츠코 공저)이 있다.

3

스스로 납득할 수 있는 삶을 살고 싶습니다

무라카미 켄지

창문이 열리지 않는 빌딩 안에서

후쿠오카 남쪽의 이토시마 시. 이곳은 바다 건너 한국과 바로 맞닿아 있어 옛 백제 사람들이 건너와 자리를 잡았던 곳으로 여겨진다. 오하이오의 주선으로 자연농 농부들을 만나러간 이토시마에는 자연농뿐 아니라 생태, 평화, 협동, 자치 등을 중심으로 활발한 움직임이 펼쳐지고 있었다. 일주일 남짓 머물며 틈틈이 찾아간 곳곳에서 가슴 뛰는 새로운 가능성들을 두루 만났다. 고택을 개조한 멋진 공간에서 지역 농산물을 판매하는 레스토랑 겸 카페, 건강한 재료로 쿠키와 빵을 구워 곳곳으로 납품하는 1인 기업, 아이들과 함께 숲으로 바다로 날마다 소풍을 떠나는 자유로운 보육클럽, 자연농을 함께 공부하고 실습하는 연구회, 구성원들이 한데 모여 축제처럼 흥

무라카미 켄지

겹게 열리는 작은 장터⋯. 이 모든 움직임들의 중심에는 NPO '이토나미いとなみ'가 있다.

우리가 찾아갔던 2012년 봄에는 이토나미가 막 만들어져 걸음마를 내딛기 시작한 단계였지만 이후로 꾸준한 성장을 해왔다. 이토시마로 옮겨오는 사람들이 늘어나면서 회원도 더 많아졌을 뿐 아니라 쉐어하우스, 사회적 기업처럼 활동 분야 역시 더욱 가지를 뻗어가고 있다. 2014년에는 창립 멤버인 후지이 요시히로 씨가 시의원에 당선되면서 공동체의 테두리를 넘어 지역사회에 영향을 미치기 시작했다. 실제로 이토시마 시는 공식 홈페이지 내 '도시 선언'에서 비핵·영구적 평화도시, 인권도시, 환경도시로 나아가겠다는 목표를 밝히고, 생태·환경 분야의 여러 움직임에 활발히 동참하고 있다.

이러한 이토나미의 멤버는 대부분 도시의 안정적인 궤도를 벗어나 새로운 길을 개척해온 이주민들이다. 이번 인터뷰의 주인공 무라카미 켄지 님 역시 10년 넘게 평범한 직장인으로 살다가 '스스로 납득할 수 있는 삶'을 찾아 자연농의 길로 접어들었다. 자연농 연구회에 참여하면서 자연농 관련 글을 써서 나누고, 지역의 환경, 절기에 따른 문화를 담은 일일달력을 펴내는 모임을 운영하고, 채소 품종연구회를 열어 토종씨앗을 모으는 등 이토나미에서 여러 활동을 펼치고 있다.

취재 전 이런 폭넓은 활약상에 대해 듣고서 기운이 펄펄 넘치는 젊은 농부의 모습을 예상했는데, 뜻밖의 첫인상에 내심 당황했다. 마른 몸집에 말끔한 흰 셔츠 차림, 하얀 얼굴에 단정한 머리 모양까지 전혀 농부 같지 않은 느낌이었다. 한 손에 들려 있는 호미를 서류 가방으로 바꾼다면 밭이 아니라 빌딩으로 출근해도 될 것 같다는 엉뚱한 생각이 들 정도로 낯설었다. 인사와 소개를 나누고 나서, 인터뷰를 진행하는 동안 차근차근 살펴보니 그제야 단단한 손마디와 바지 밑단에 점점이 찍힌 흙탕물 자국이 보였다. 그리고 대화가 깊어질수록 진중하고 사려 깊은 농부로서의 마음가짐이 고스란히 전해져왔다.

오랫동안 직장생활을 하셨다고 들었는데, 자연농은 어떻게 처음 알게 되셨나요?

우연히 TV에서 퍼머컬처permaculture에 대한 방송을 봤습니다. 퍼머컬처는 영속적인permanent 농업agriculture 혹은 문화culture의 합성어인데, 농업을 중심으로 사람과 자연이 공존하는 지속 가능한 삶의 방식을 두루 포함하는 개념이지요. 그 후 관련된 책을 찾아보다가 후쿠오카 마사노부의 『짚 한 오라기의 혁명』을 읽었는데, 상당히 이치에 맞는 말이라고 생각했습니다. 당시 제가 하던 일과 자연농이라는 세계, 둘 중 어느 게 옳은 길인가 고민하다 역시 자연농이 아닐까 하는 결론을 내렸어요. 그 후로는 언제 회사를 그만두면 좋을지 쭉 생각하면서 지냈습니다.

어떤 점에서 자연농이 옳다고 생각하셨는지 알고 싶습니다.

저는 13년 동안 축산사료업체에서 일했습니다. 그동안 양계 기술, 경리, 품질 관리, 고객 상담 같은 여러 업무를 맡았는데요, 특히 달걀을 생산하는 과정을 보면서 더 이상 이런 일을 해서는 안 되겠다는 생각이 들었습니다. 우리나라에서 나오는 걸 두고 멀리 외국에서 수입해온 사료를 먹인다든지, 처리하기 어렵다는 이유로 닭의 배설물을 태운다든지, 이렇게 제가 생각하기에 옳지 않은 일을 받아들이고 이어가기가 어려웠습니다.

저희도 그랬지만, 오랫동안 다닌 직장을 그만두고 다른 길을 선택한다는 게 무척 어려운 결정이었을 것 같아요. 그 과정에서 어떤 특별한 계기가 있으셨나요?

실은 처음 결심을 품었던 때부터 회사를 그만두기까지 5년이 걸렸습니다. 당장이라도 그만두고 싶었지만 가족들이 반대했고 저도 경제적인 면에서 걱정이 됐지요. 하지만 그 5년 동안 자연농을 하고 싶다는 의지는 점점 강해졌어요. 원래는 후쿠오카에 살았지만 그만두기 전 1년 반 동안은 요코하마에 살면서 '랜드마크 타워'라는 높은 빌딩에서 일했습니다. 창문을 열 수조차 없는 건물 46층에서

일하면서, 역시 이건 아니라는 생각을 했습니다. 모처럼 이 세상에 태어나서 살아가는 인생이라면 스스로 납득할 수 있는 삶을 살아야겠다는 확신이 들었습니다. 처음에는 부모님의 반대가 걱정됐지만, 자신이 납득할 수 없는 인생을 사는 것도 어떤 의미에서는 불효가 아닐까 하는 생각이 들어서 결단을 내렸죠.

힘을 합쳐 다양성을 지키는 일

회사를 그만둔 후 바라던 대로 농사를 지으며 살아가는 지금은 어떠신가요?

오랫동안 회사라는 조직 안에서 일했기 때문에, 처음에는 저 혼자 여러 가지 일을 할 수 있다는 게 무척 즐거웠습니다. 하지만 시간이 지날수록 사람들과 맺는 관계가 얼마나 중요한지 다시 깨달았습니다. 그러면서 '사람들과 함께하지 않고 나 혼자서는 도저히 풍요로울 수 없구나'라는 생각으로 바뀌었지요. 농사는 혼자 짓지만 그와 동시에 사람들과 함께할 수 있는 일들을 이것저것 궁리하고 있습니다.

혼자 짓지만 또 여럿이 함께 짓는 농사라고 볼 수 있겠네요. 처

음 자연농을 시작할 때 후쿠오카 마사노부 님의 책이 계기가 되었다고 하셨는데, 지금 하시는 농사도 그분의 방식을 따르고 있는 건가요?

그 책을 통해 자연농을 처음 접했지만 실제 그분을 만나보진 못했습니다. 하지만 책 내용이 조목조목 알기 쉽게 잘 설명되어 있어서 쉽게 이해할 수 있었고 큰 도움이 되었습니다. 이후 가와구치 요시카즈 님의 책을 여러 권 찾아 읽었고, 이토시마 자연농 실습모임에서는 그분께 직접 배운 분들을 통해 더욱 구체적으로 농사방법을 익힐 수 있었어요. 그래서 자연농의 기초, 다시 말하자면 자연에 대한 관점뿐만 아니라 사람에 대한 태도나 인생관까지 가와구치 님의 영향을 크게 받았다고 느낍니다.

덧붙이자면, 스승과 선배들에게 얻은 가르침을 바탕으로 삼아 매일 논밭에서 식물과 곤충과 새를 직접 만나며 배우는 것 역시 매우 중요하다고 봅니다. 책에서, 다른 사람에게, 또는 농장에 가서 얻는 지식뿐만 아니라 직접 눈으로 보고 귀로 듣고 손으로 느끼며 알아가는 게 가장 중요한 배움이라고 생각합니다.

가와구치 님도 직접 경험하며 배우는 게 가장 중요하다는 말씀을 하셨지요. 그런 배움을 비롯해 농사의 좋은 점이 있다면 무엇이라고 생각하세요?

논밭에서 일을 하다 보면 나와 자연이 다르지 않은 하나라는 걸 느끼게 됩니다. 그리고 불안이나 걱정에서 벗어나게 되지요. 그 점이 가장 좋습니다.

논밭 크기는 어느 정도 되나요? 그리고 어떤 채소를 기르고 계신가요?

밭의 면적은 약 900평입니다. 재배하는 작물은 일일이 세어보지 않아 정확하게는 모르겠지만 아주 많습니다. 작년까지는 여러 가지 품종을 심고 교배하는 작업을 해왔는데요, 올해는 그중에서도 농사가 잘 되고 먹기 쉬운 품종을 중점적으로 심었습니다.

먹기 쉬운 품종이란 어떤 건가요?

일단은 키우기도 쉽고 맛도 좋은 품종이라고 볼 수 있겠지요. 다만 좀 더 폭넓게 생각하려고 노력합니다. 잘 자라지 않지만 맛이 뛰어난 품종이 있는가 하면, 아주 잘 자라지만 맛은 좀 떨어지는 품종도 있죠. 잘 자라고 맛까지 좋다면 제일 좋겠지만 맛이 좀 덜하더라도 요리방법에 따라 다르게 쓸 수도 있습니다. 저는 잘 자라는 채소를 키울 때 더욱 즐겁지요. 하지만 더 넓은 관점에서 이 지역에는 어떤 품종이 어울릴지, 어떤 채소를 공급하면 좋을지를 고민하고 있습니다.

제가 자란 미국의 경우 단일 작물을 대규모로 재배하는 대형 농장들이 대부분입니다. 그런 환경에서는 어떻게 해야 지역에 알맞는 농사를 적용할 수 있을까요?

일본 역시 미국과 크게 다르지 않은 상황입니다. 예부터 이어져 오던 농사방법은 사라져가고 지역에 맞는 채소도 더 이상 중요하게 여기지 않죠. 지역과 조화를 이루는 농사를 위해서는 우선 농사 규모가 중요하다고 봅니다. 농부 한 사람이 일할 수 있는 적당한 크기는 정해져 있지요. 그 적당한 규모 안에서 한 농부는 이 품종을, 또 다른 농부는 다른 품종을 키우는 식으로 힘을 합쳐서 다양성을 지켜갈 수 있다고 봅니다. 그러기 위해서는 농사기술 이전에 농사를 짓는 철학, 마음가짐이 바르게 잡혀 있어야겠죠.

오랫동안 품종개량을 거치며 한 가지 품종만 남은 바나나가 치명적인 곰팡이균 때문에 멸종 위기에 처해 있다는 기사를 보았습니다. 생물다양성은 반드시 지켜져야 할 생태계의 기본인데, 사람들의 욕심이 지나쳐 도를 넘어버린 게 아닐까 싶습니다.

생명을 이어가는 데 있어 다양성은 특히 중요합니다. 예를 들어 아기가 태어나려면 한 사람만으로는 불가능하지요. 인연을 만나야만 새 생명이 탄생할 수 있습니다. 꽃도 마찬가지로, 다른 꽃의 화분을 받아야 하지요. 부모와 다른 개체를 만들기 위해, 즉 다양성을 위해서입니다. 이렇듯 생명의 세계는 자연스럽게 점점 더 다양해지는 과정을 거칩니다. 그리고 자연은 끊임없이 변하기 때문에 그때마다 적응한 것만이 살아남습니다. 그런 구조를 고려해볼 때, 크고 좋은 것들만 단일하게 있는 환경보다, 작은 것들이 다양하게 어우러져 있는 환경이 확실히 더 강할 수밖에 없죠. 지금까지의 문명은 그런 환경을 제어하려고 해왔습니다. 하지만 아무리 인간이 노력해도 자연은 끊임없이 변해간다는 이치를 생각해보면, 우리 역시 변화에 대응하고 준비하는 자세가 필요하지요.

이와 같은 생각과 철학을 바탕으로 저는 여기 제 밭에서 씨앗을 받고, 뿌리고, 기르고, 다시 씨앗을 받는 작업을 되풀이합니다. 그렇게 수확한 채소를 맛있게 먹기 위해 요리를 하고 하루하루를 살아나갑니다. 그렇게 계속해서 되풀이하다 보면, 그 안에서 전통적인 삶의 방식이 새롭게 태어나는 게 아닐까 생각합니다. 방법과 철학, 이 두 가지를 모두 제대로 가지고 있는 것이 중요합니다. 그러면서 규모 또한 작게 유지해야 한다고 생각합니다.

뿌리에 가까운 삶

인터뷰가 이어지는 동안 가볍게 날리던 빗방울이 점점 더 굵어졌다. 하지만 빗방울에 아랑곳없이, 무라카미 님은 단어 하나하나를 신중하게 골라가며 차분하게 답변을 이어갔다. 그 순간 유약해보였던 첫인상과는 달리, 받아들이기 어려운 삶을 단호히 거부하고 자신이 진정 원하는 삶을 개척해나가고 있는 무라카미 님의 올곧고 단단한 힘이 느껴졌다. 또한 자신의 삶뿐만 아니라, 보다 넓은 관점에서 두루 이롭고 바람직한 길, 더 조화를 이루는 길을 끊임없이 고민하며 실천한다는 점에서도 감동을 받았다. 인터뷰 전 오하이오가 일러주었던 그의 활발한 움직임들도 모두 이런 마음가짐에서 우러나온 게 아닐까, 생각하면서 질문을 이어갔다.

농사 말고도 지역에서 다양한 활동을 하신다고 들었습니다.

가끔 강연회 같은 자리에서 자연농에 관한 이야기를 합니다. 힘껏 자연농을 알린다거나 하진 않지만, 경험담이나 조언이 필요한 분들께는 기꺼이 제 이야기를 들려드리려고 합니다. 두 달에 한 번 이토시마 자연농 실습모임이 열리는데요, 그곳에도 참가해서 일을 돕고 있습니다.

그리고 자연과 계절의 흐름을 알리는 일일달력을 만드는 모임인 '코요미こよみ'에 참여하고 있습니다. 인간이 다양한 존재들과 같이 공존했으면 하는 바람으로 꽃이 언제 피는지, 언제 어떤 동물들이 태어나는지와 같은 내용을 담았어요. 또 전통적인 삶의 리듬을

알 수 있도록 시기에 맞는 다양한 정보들도 담았지요.

그밖에도 제가 기른 채소들을 주변 사람들과 나누기도 하는데요. 특히 여름에는 날이 너무 덥다 보니 오후부터 저녁 늦게까지 일을 하고 나서, 사람들과 함께 어울려 저녁 먹는 걸 좋아합니다. 저는 농부니까 먹을거리를 키우는 역할을 맡고 있고, 요리를 즐기는 사람은 제가 기른 채소로 음식을 하면서 자신의 역할을 하지요. 이렇듯 노력과 열정을 함께 모아가는 게 모두에게 이롭고 도움이 된다고 생각합니다. 하지만 이때도 적정한 규모를 유지하는 게 중요하겠죠. 지나치게 분리되고 분업화되어서 자기 일밖에 모르는 상황이 되지 않도록 다른 사람들이 하는 일에 관심을 기울이고 감사의 마음을 가지려고 노력합니다.

자연농에 관심을 갖고 시작하고 싶어 하는 사람들이 제일 걱정하는 부분 중 하나가 돈 문제입니다. 앞서 자연농을 시작하기 전 경제적인 면에서 걱정이 되었다고 하셨는데, 지금은 어떻게 느끼고 계신지요?

예전 회사생활 때와 비교하면 많은 부분을 내려놓았습니다. 계속 돈이 필요한 부분, 예를 들면 보험 같은 걸 많이 줄였습니다. 그리고 농사를 지으니 먹을거리를 사지 않아도 되어서 지출이 자연스럽게 줄어들었지요. 만약 앞으로 경제적으로 어려워진다면 지금보다 더 규모를 줄일 수도 있다고 생각합니다. 다만 제게도 가족이 있고, 제 아내는 아내의 인생이 있으니 그런 점도 감안해야겠지요. 아내는 옷을 만드는 일로 경제활동을 하고 있습니다. 저는 제가 필요한 만큼만 벌면 되니 부담이 덜한 입장이지요.

이렇듯 제 일상 경제를 넘어, 넓은 의미의 경제에 관해서도 느낀 바가 있습니다. 지금 이 사회 속에서는 개개인이 분리되어 각자의 손해와 이익을 따지고 있습니다. 하지만 농사를 짓다보면 다른 존재들과 조화를 이루지 않고는 살아갈 수 없다는 걸 깨닫게 되지요. 이 관점에서 다시 보면, 내가 이익을 얻는다는 건 다른 누군가가 손해를 본다는 게 아닐까요? 개개인 단위로 따져본다면 손해 혹은 이익이 발생할 수 있겠지만 지구 전체적인 관점에서 생각해본다면 어떨까요? 좀 더 뿌리에 가까운 삶을 살며 함께 공존할 수 있는 방법이 있지 않을까요?

기존의 경제관념은 매달 월세를 낸다든가, 연간 손익계산을 해서 세금을 낸다든가, 이런 식으로 짧게 기간을 나누어서 계산합니다. 이 역시 더 넓은 관점에서 볼 필요가 있다고 생각합니다. 생명이 태어나고 자라서 마침내 사라질 때까지, 긴 시간에 걸쳐 생명 활동에 무엇이 바람직하고 더 옳은가를 생각해야 한다고 봅니다.

마땅한 때를 기다리며

끝으로 자연농을 시작하려는 분들에게 해주실 조언이 있다면 부탁드립니다.

제 경험이지만, '하고 싶지만 아직 할 수 없다'라는 건 아직 마땅한 시기가 오지 않아서이지 않을까 싶습니다. 하지만 정말로 해야 할 때, 마땅한 때가 오면 '내가 할 일은 이것밖에 없어'라는 생각이 들 겁니다. 그런 절대적인 확신이 들 때까지는 무리할 필요가 없다고 봅니다. 예를 들면 도시에 살면서 조금씩 농사짓는 걸 시도해본다면 어떨까요? 흙을 만져본 적도 없는 사람이 갑자기 시골로 옮겨간다는 건, 그만한 용기를 내기도 어렵거니와 실제 시작한다 하더라도 부딪히는 문제들이 너무 많을 거예요. 일본은 전국 각지에 자연농을 배우고 실습할 수 있는 곳들이 있어서 직접 체험해볼 기회가 많습니다. 외국의 경우엔 이런 다큐멘터리나 책과 같은 여러 채널을 통해 자연농을 접하면서 차근차근 알아간다면 어떨까 생각합니다.

인터뷰 내내 끊임없이 고개를 끄덕이며, 깊이 공감하며 들었지만 특히 이 마지막 답변은 지난 몇 해 동안 내가 지나온 길을 되짚어 보게 했다. 무라카미 님이 그랬듯 나 역시 도시에서 직장인으로 살아가며 '이게 과연 옳은 삶인가?'를 고민했고 한때는 진지하게 귀농을 다짐하기도 했다. 곳곳의 공동체를 찾아가보고, 귀농에 관한 강의와 프로그램에 참가하며 꽤나 열심이었다. 당시엔 무척 간절한 바람이라고 생각했는데, 지금 다시 그 시절을 돌이켜보니 구체적인 가능성이 다가올 때마다 '아직 준비가 안 됐다'라는 변명으로 엉거주춤 물러서기에 바빴다. 그때 그랬던 마음 한쪽에는 두려움과 걱정이 웅크리고 있었던 게 아닐까. 무라카미 님 말처럼 그때가 '마땅한 때'가 아니었던 게 아닐까.

휘청휘청 흔들림도 어려움도 많았지만, 다행히도 그때의 바람과 꿈은 사그라지지 않고 쭉 이어지고 있다. 그 시절 상상했던 대로 시골로 터전을 옮기고 직접 농사를 짓는 삶은 아니지만 '옳은 삶'이 무엇인지, 어떻게 살아가야 할 지, 끊임없이 고민해왔고 지금은 다큐멘터리 작업을 통해 중요하다고 믿는 가치를 나누는 역할을 맡고 있다. 사실 다큐멘터리 제작은 꿈에도 예상 못했던 길이지만 넓게 보면 결국 처음 가려 했던 방향과 크게 다르지 않다. 차근차근 작은 걸음들이 모이고 합쳐지면서 자연스레 길이 만들어졌다. 나보다 조금 앞서 비슷한 길을 거쳐 왔고, 지금도 열심히 그 길을 걸어가고 있는 무라카미 님의 이야기를 들으면서 자꾸만 나 자신의 모습이 겹쳐져 보였다. 담담하고 솔직하게 자신의 경험을 나눠주신 무라카미 님이 마치 오래 알고 지낸 선배님처럼 가까이 느껴졌다.

덧붙이는 이야기, 이 인터뷰는 2012년 봄에 진행했고 이 글을 쓰고 있는 지금은 2017년 봄이다. 그 사이 5년이 지났다. 다큐 완성 후 2016년 봄에는 일본 전국을 돌아다니면서 상영회를 열었다. 이 토시마 상영회는 무라카미 님과 가가미야마 님께서 직접 준비와 진행을 맡아주셨는데, 특히 무라카미 님은 이토시마 일정 초반 사흘 동안 우리 일행을 집으로 초대해서 편히 머물다 가도록 살뜰히 챙겨 주셨다.

4년만의 재회였지만 가끔씩 인터넷으로 안부를 나눠온 데다 오하이오를 통해 꾸준히 소식을 접해온 덕분에 마치 몇 달 만에 다시 만난 것처럼 친숙한 느낌이었다. 맛있는 저녁을 함께 먹고 사케 잔을 부딪치며 그동안 쌓인 이야기를 나누었다. 여러 가지 뜻밖의 뉴스들이 많았다. 그때 우리가 찾아갔던 '무라카미 농장'은 월세를 감당하기 어려워 정리했고, 지금은 집 근처 다른 곳에서 농사를 짓는다고 했다. 이토시마 시내의 주택에서 시골의 오래된 농가로 집을 옮겼고, 평일에는 지역 예술품을 파는 상점에서, 주말에는 레스토랑에서 시간제로 일하며 이전과 다른 생활을 꾸리고 있었다. 달력 만드는 모임이나 자연농 실습모임 같은 지역 활동은 여전히 활발히 이어가고 있고, 최근엔 자연농 이야기를 바탕으로 쓴 이야기책을 펴냈다는 소식을 차근차근 들려주셨다.

다른 어느 소식들보다도 농장을 정리했다는 이야기에 내심 깜짝 놀랐다. 가끔 무라카미 님을 떠올릴 때마다 산등성이 그 경치 좋은 밭에서 성실하게 일하시는 모습을 그리곤 했다. 당연히 그곳에서 꾸준히 농사를 이어가고 있을 거라고 생각했는데, 처음엔 농장 소식이 안타깝게만 느껴졌다. 하지만 찬찬히 다시 생각을 되새기는 동안 꼭 그럴 일만은 아니라는 걸 깨달았다. 우리 모두는 마땅한 때, 마땅한 곳을 찾아 끊임없이 움직이면서 발걸음을 내딛고 있으니까, 그렇게 삶은 계속해서 이어지게 마련이고 그에 따라 나아갈 길 역시 자연스레 펼쳐지게 되니까.

무라카미 님의 새로운 삶과 꾸준한 발걸음을 응원하면서, 나도 그렇게 나만의 길을 차분하고 담담하게 걸어가야겠다고 다짐했다.

°무라카미 켄지村上研二

일본 후쿠오카 현 이토시마 시에서 농사를 짓고 있다. 자연과 계절의 흐름을 꼼꼼하게 담은 일력을 만들며, 경험을 바탕으로 한 자연농 이야기책을 독립출판으로 펴냈다. 이토시마 지역의 NPO '이토나미'와 함께 다양한 분야에서 활동하고 있다.

自家採種
固定種の種を使っています

小松菜
250

自然農
GMO F

無農薬・自然農

小松菜
250

4

신성한 어머니, 대지를 섬깁니다

나카노 신고

사진작가에서 농부가 되기까지

그대들은 어떻게 저 하늘이나 땅의 온기를 사고 팔 수 있는가? 우리에게는 이 땅의 모든 부분이 거룩하다. 빛나는 솔잎, 모래 기슭, 어두운 숲 속 안개, 맑게 노래하는 온갖 벌레들, 이 모두가 우리의 기억과 경험 속에서는 신성한 것들이다.

〈시애틀 추장의 편지〉 중에서

'아침 이슬 농장'을 찾아가기로 한 날, 고베 시 외곽 전철역에서 마중 나온 신고 씨를 만났다. 조금의 어색함과 서먹함도 잠시, 신고 씨의 낡은 트럭을 보니 반가움이 와락 몰려왔다. '지구 어머니를 사랑하라' '핵 발전과 무기를 넘어' 같은 메시지들과 함께 시애틀 추장

연설 스티커가 붙어 있었기 때문이다. 생태·환경 분야에 막 관심을 갖기 시작하던 때, 감동을 받고 수첩에 꼼꼼히 옮겨 적었던 글이었다. 그 스티커 덕분에 마치 오랜 친구와 다시 만난 것처럼 신고 씨가 친근하게 느껴졌다.

맨 처음 신고 씨를 만난 건 2015년 여름 '아카메 자연농 학교(이하 아카메)'에서 였다. 매월 둘째 주 주말 정기모임이 열리는데, 토요일 밤에는 참석자 모두가 돌아가며 자기소개를 하고 이후 한 가지 주제로 대화를 나누는 시간을 갖는다. 신고 씨는 저녁 내내 이어지는 모임에서 사회를 맡고 있었는데, 그 자리의 무게 때문인지 무척 진지해보였다. 우리의 다큐 작업을 도와준 친구 가오리와 친한 사이라는 걸 알고 있었지만, 따로 이야기를 나눌 여유 없이 스쳐 지나고 말았다. 몇 주 뒤 "같이 신고 씨네 농장에 가보지 않을래?" 하고 제안해온 가오리 덕분에 다시 만날 기회가 찾아왔다.

오사카에서 신고 씨의 농장이 있는 고베 시 서쪽 외곽까지는 두 시간이 넘게 걸렸다. 흔히 고베 시라고 하면 화려한 야경, 지진을 겪고 나서 아름답게 재건된 시내 중심가, 온천으로 유명한 롯코 지역 등을 주로 떠올리지만 사실 고베 시는 도심뿐 아니라 외곽의 농업지대까지 두루 품고 있어서 면적이 아주 넓다. 그리고 이런 자연환경 덕분에 소비자와 농부가 가깝게 교류하는 '로컬푸드' 운동이 활발하다. 지자체에서도 적극 나서서 직거래 시장을 지원하고, 다양한 이벤트를 마련하며 농부와 소비자 사이의 연결을 돕고 있다.

이 중에서도 고베 시청 바로 옆, 아름다운 공원에서 주말마다 열리는 '고베 농부의 시장'은 2015년 시작 후 점점 더 인기를 더해가고 있다. 시내 중심가와 가까워 접근성이 좋은데다, 자연과 어우러진 축제 분위기와 활기찬 장터를 즐겁게 누리다 간 사람들의 입소문이 퍼져나간 덕분이다. 특히 신고 씨의 '아침 이슬 농장'은 서두르지 않으면 구입이 어려울 만큼 늘 인기가 높다. 적극적으로 사람들과 소통하며 최선을 다해 자연농을 알려나가고 있는 신세대 자연농 농부 신고 씨를 만났다.

그동안 다큐멘터리 취재를 진행해오면서, 자연농에 고정화된 정답은 없다는 걸 배웠습니다. 모두 저마다의 경험과 깨달음으로 각자의 자연농을 하고 있다는 걸 알게 되었는데요, 신고 씨가 생각하는 자연농이란 무엇인가요?

제가 처음 농사에 관심을 갖기 시작한 게 2000년 즈음이었고, 조금 더 지나 가와구치 요시카즈 님의 자연농에 대해 알게 되었습니다. 그리고 2004년부터는 직접 찾아가서 배우기 시작했어요. 처음 접했던 때부터 나는 이 길로 가겠다고 마음먹었죠. 자연농은 땅을 갈지 않고, 풀이나 벌레를 적으로 여기지 않으며, 농약이나 제초제를 쓰지 않습니다. 환경에 부하가 걸리지 않는 방식이지요. 다양한 농사 방식이 있지만, 자연 안에 자신이 있다는 걸 깨닫고 우주를 이해해 나가는 건 어렵습니다. 자연농은 그런 물음을 늘 마음에 두면서 답을 구할 수 있는 길 중 하나라고 생각합니다.

농사를 짓기 전에는 사진작가로 일하셨다고 들었어요. 사진작가와는 거리가 아주 먼 농부가 된 계기가 궁금하네요.

대학에서 사진, 영화 관련 전공을 공부한 후 쭉 그쪽에서 일했습니다. 그러다가 1995년 고베 대지진이 일어났죠. 그때 광고회사에 다니고 있었는데, 제가 하는 일이 과연 옳은 일인지, 괜찮은 일인지 고민하던 시점이었습니다. 물건을 많이 팔기 위한 사진을 찍고, 그런 사진 작업을 하면서 화학약품도 아주 많이 썼지요. 그렇게 지진 전후로 가치관이 차차 변해갔어요. 그 이전에도 여행을 좋아해서 이곳저곳을 돌아다니며 작품 활동을 했는데요, 그러면서 정말 아름다운 것과 그렇지 않은 것을 알아갔던 것 같습니다. 자연의 본질을 알아가고 싶은 마음이 가득 차올랐다고 할 수 있을까요. 그러면서 결국 회사를 그만두었습니다.

이후 농부가 되기까지 아주 다양한 일을 거쳤습니다. 바닷가 항구에서 일하기도 했고, 식물원에서 식물 재배에 대해 배우며 일하기도 했고, 친구들과 옷을 만들어 판매하기도 했지요. 많은 사람들을 만나면서 차차 환경에 대한 의식이 생겨났고 이후 환경 평화 운동 분야에서 활동했습니다. 일본 전역의 핵발전소들을 찾아다니면서 탈핵 운동에 참여했고, 911 테러 이후에는 'Peace walk'라는 이름으로 미국 대륙을 걸어서 횡단했습니다. 그 과정에서 아메리카 원주민들을 만나 많은 이야기를 나눴습니다. 또 호주에 가서 지역 원주민들에게 우라늄 광산과 피폭자들에 관한 이야기를 듣고 큰 충격을 받기도 했어요. 그런 사람들의 희생 위에 우리 삶이 존재한다는 걸 전에는 까마득히 몰랐습니다. 몇 년 동안 그렇게 지내고 있었는데, 어느 날 친한 아메리카 원주민 친구가 "이제는 돌아가서 네가 할 일을 해라." 하고 말하더군요. 그때 내가 해야 할 일에 대해 생각했고, 그렇다면 앞으로 자연농을 하면서 살아가야겠다고 마음먹었어요. 그게 시작이 되었습니다.

나답게 산다는 것

아, 일본으로 돌아가야겠다고 생각했던 때, 이미 자연농에 대해 알고 계셨군요.

네, 이전부터 자연농에 대해 알고 있었고 쭈욱 관심을 갖고 있었어요. 그런데 환경 평화 운동에 참여하면 할수록 반대하는 것만으로는 그 대답, 해결에 도달할 수 없을 거라는 생각이 들었습니다.

가와구치 님 말씀처럼, '답을 살아가는 것'이라는 가르침을 삶으로 실천하고 싶었기 때문에 돌아왔습니다.

10년 넘게 자연농을 생계 수단으로 이어오고 있으시죠. 그동안 저희가 만나온 분들 중 많은 수가 자연농에 공감은 하지만, 비현실적이고 불가능해 보인다는 이야기를 하셨어요. 신고 씨는 어떻게 자연농으로 생계를 꾸려가시나요?

세상 사람들의 가치관은 정말 다양하지요. 돈에 대한 가치관이 특히 그렇고요. 저는 기존의 가치관과 달리 가능하면 자본주의에 편승하지 않고 돈이 움직이는 일반적인 방식에서 멀어지려고 합니다. 무엇보다 제가 키우는 채소를 전달하는 사람들과 맺는 관계를 가장 중요하게 생각합니다. 그런데도 결국은 돈을 도구로 거래하기 때문에 싸다거나 비싸다는 이야기가 나오기도 합니다. 다시 말하지만 사람들의 가치관은 저마다 다르니까요.

그래서 저는 채소를 구입하는 사람과 보내는 저, 서로가 납득할 수 있을 만한 선에서 가격을 정합니다. 덧붙여 저희 농장은 이러저러한 곳이고 이런 식으로 농사를 짓는다고 설명합니다. 그걸 이해하는 사람들과 거래가 시작되는 방식이지요. 그리고 작물을 키우는 제 역량을 높일 수 있도록 하루하루 자연과 우주를 마주하면서 부지런히 배우려고 노력합니다.

아! 마치 예술가의 작업과 비슷하네요. 자기가 생각하는 바, 어떤 목표점을 향해 묵묵히 발을 옮기면서 동시에 세상 속에서 살아가기 위해 '납득할 수 있을 만한 선'을 찾고, 그런 관계들 속에서 삶을 이어가고 계시는군요.

네. 자연농을 알기 전에는 유기농법을 배우기도 했습니다. 트랙터를 쓰고 비료도 주는 방식으로요. 만약 제가 그렇게 농사를 짓는다면 지금보다 돈은 더 벌 수 있을 거예요. 그런 걸 알고는 있지만, 저 스스로 기분 좋게 여겨지는 일이 아니기 때문에 하지 않습니다. 그런 점을 모두에게 이야기합니다.

현재 직거래 장터를 통해 꾸준히 도시의 소비자들을 만나고 계시지요. 사람들이 신고 씨의 채소를 구입하고, 계속해서 찾는 이유는 무엇이라고 생각하시나요?

일본은 후쿠시마 사고 이후로 먹을거리에 대한 걱정, 구체적으로 피폭이나 방사능 오염에 대해 걱정하는 사람들이 아주 많아졌어요. 그리고 요즘은 인터넷을 통해 여러 정보들을 쉽게 접할 수 있죠. 자기가 먹는 것들이 어떻게 길러져서 오는지, 그 과정에 대해 의식하는 사람들이 일부러 저희 채소를 찾는다고 봅니다. 하지만 꼭 그런 진지한 이유뿐 아니라, 단지 정말 맛있어서라든가 그저 저를 응원하고 싶어 하는 친구들이 구입하기도 해요.

직거래 장터뿐 아니라 온라인 등 판매 경로가 아주 다양하다고 들었습니다.

할 수 있는 무엇이든 다 합니다. 꾸러미처럼 여러 채소를 모아 박스에 담아서 보내기도 하고, 몇몇 작물은 고베 시내 레스토랑에 납품하기도 합니다. 직거래 장터에도 꾸준히 참가하고, 때로는 일반 소매점에 내놓기도 하고요. 가끔은 거리로 나가 직접 팔기도 하죠. 뭐라도 할 수 있는 건 다 해서 겨우 살아내고 있는 중입니다.(웃음)

역시 열정을 쏟고 계시네요. 아카메의 스태프로도 일하고 계신데요. 토요일 하루 종일 아카메에 참여하고 자정이 넘어 고베에 도착한 다음, 일요일 아침 직거래 장터에 나가셨다고 들었습니다. 다른 스태프 분들도 모두 스스로 참여하고 있는데요, 그런 적극적인 참여가 무척 놀랍습니다.

제가 다른 사람들의 생각까지 알 수는 없지만, 일단 아카메는 공부하는 곳이지요. 농사뿐 아니라 자연농 방식으로 살아가는 법, 삶에 감사하는 법 등등 여러 가지를 배우는 기쁨이 있기 때문이라고 생각합니다. 그 배움이 자신의 삶에도, 논밭에서 하는 일에도 바로 이어지니까요. 배우는 즐거움이죠. 살아 있는 모든 것이 그렇겠지만, 성장하고 나면 다음을 잇는 일을 하게 되지요. 저 역시 제가 배웠던 것을 다른 사람에게 가르치는 즐거움이 큽니다. 모두 함께하는

기쁨이랄까요. 이런 모든 것이 공존하는 거라고 생각합니다. 그런 것을 돈으로 환산하려고 하거나 이해득실을 따지기 시작하면 이 모든 것이 무너져버리고 말 것입니다. 그런 것이 없다는 점이 가장 좋고, 그래서 모두가 행복한 것이겠죠.

아카메와 별도로, 아침 이슬 농장에서도 직접 자연농을 가르치는 모임을 열고 있다고 들었습니다. 어떻게 운영하고 계십니까?
매달 한 차례 열립니다. 20명 정도 모이는데 주로 오사카, 고베에서 오는 분들이지요. 모임과는 별도로 더 자주 농장을 찾아오면서 농사를 배우고 일손을 돕는 인턴 친구도 있습니다.

저는 처음 아침 이슬 농장을 찾았을 때, 작은 논밭이 곳곳에 흩어져 있다는 게 신기했어요. 언제 어떻게 농장을 시작하셨는지 궁금합니다.
2005년에 시작했으니 12년 정도 되었네요. 처음 시작할 때 이곳저곳 주변에서 농사가 가능한 땅을 조금씩 빌려가며 했습니다. 그래서 떨어져 있어요. 언젠가 저희 집 가까운 곳에 하나로 합쳐진 농지를 마련하고 싶습니다.

마지막 질문입니다. 앞으로 목표나 계획이 있다면 들려주세요.

일단은 농부로서 작물을 더 잘 기르고 싶어요. 그리고 인간으로서도 더 나은 사람으로 성장하고 싶습니다.

춘분의 파이프 의식

신고 씨를 처음 만났던 2015년 여름 이후로도 종종 인터넷을 통해 안부를 주고받았다. 또 고베의 직거래 장터를 찾아 채소를 구입하기도 했다. 그러다 2017년 봄, 일본에 머물며 한창 이 책 작업을 마무리하던 중 다시 신고 씨를 만나 추가 인터뷰를 진행했다. 마침 우리가 찾아갔던 날은 3월 말, 낮과 밤의 길이가 같은 춘분이었다. 인터뷰 후 신고 씨는 매년 춘분과 추분마다 여는 '파이프 의식'에 함께 가자고 제안했다. 하늘의 움직임과 자연의 생명력에 감사하는 일종의 제사라고 했다. 마다할 이유가 없었다.

고베 시 외곽, 전망이 탁 트인 한적한 바닷가로 갔다. 뉘엿뉘엿 넘어가는 해의 움직임을 지켜보면서 지구와 우주의 움직임을 그려 보았다. 모두 8명 남짓, 둥글게 모여 앉은 사람들의 표정이 평화롭고도 엄숙했다. 해가 저물고, 신고 씨가 아메리카 원주민 친구에게 받았다는 큼직한 파이프를 품에서 꺼냈다. 짤막한 기도문을 읊은 다음, 파이프 안에 담뱃잎을 담아 불을 붙였다. 아무 말 없이 천천히,

시계 방향으로 파이프를 넘기면서 따로 또 같이 담배를 피웠다. 차차 내 순서가 다가오니, 평소 담배를 피우지 않는데 어떻게 해야 하나 조금은 걱정이 됐다. 묵직한 파이프를 받아들고서, 천천히 연기를 빨아들였다가 목으로 삼키지 않고 다시 조심스레 뱉어냈다. 내 입에서 나와 공기 중으로 흩어지는 하얀 연기를 보면서, 이 자리에 모인 사람들 모두와 나를 둘러싼 이 공기가, 더 넓게는 지구 위 모든 생명과 내가 이어져 있다는 게 실감났다. 점점 더 어둑해지는 푸르스름한 하늘을 배경으로 표현하기 힘든 감동이 몰려왔다.

의식이 끝나고 모두가 서로서로를 꼭 끌어안아주었다. 처음 만난 친구들도 있었지만 마치 따뜻한 한 가족 같은 느낌이었다. 오사카까지 돌아오는 길은 여전히 멀었는데, 그 감동의 여운 덕분인지 찰랑찰랑한 기쁨이 쭉 마음속에 남아 있었다. 그리고 다음 날, 신고 씨가 페이스북에 올린 사진과 짤막한 글을 보았다. 아름답게 빛났던 그 특별한 순간이 담겨 있었다. 찬찬히 글을 곱씹으면서 농사뿐 아니라 삶 전체를 예술로 삼아 아름답게 살아내고 있는 신고 씨가 나의 친구라는 게 자랑스럽고 기뻤다. 신고 씨의 글에 담긴 간절한 소망이 더 널리 퍼져나가길, 나 역시 그 소망을 잊지 않고 삶 속에서 꾸준히 실천하길 바랐다.

우리는 전쟁과 핵에 반대합니다.

우리는 물질주의에서 멀어지고 있습니다.

우리는 마음을 성장시킵니다.

우리는 경쟁에서 멀어집니다.

우리는 자연에 감사하며 살아 있습니다.

우리는 질문 아닌 대답을 삽니다.

우리는 이 우주를 함께 살아가고 있습니다.

연결된 사람들 모두

기쁨과 함께, 건강한 모습으로.

°나카노 신고中野信悟

사진작가로 일하다 평화 운동가 등 여러 길을 거쳐 자연농 농부가 되었다. 고베 시 서쪽 외곽에서 '아침 이슬 농장'을 운영하며 직거래 장터에 활발히 참여하고 있다. 아카메 자연농 학교의 스테프로 활동하고 있으며, 자신의 농장에서 매달 공부 모임도 진행한다.

5

따뜻한 관계를 회복할 수 있는 기회입니다

크리스틴 리치

아버지와 함께한 인터뷰

2013년 가을, 2년에 걸쳐 이어온 인터뷰들을 마무리하고 한창 편집을 준비하던 때 크리스틴의 메일을 받았다. 샌프란시스코 외곽에서 레스토랑 직영 자연농 농장을 꾸려가고 있는데, 기회가 닿으면 만나서 이야기를 나눠보고 싶다고 했다. 짤막한 내용이었지만 메일을 읽으며 꼭 이 사람을 만나고 싶다는 생각이 들었다. 캘리포니아에서 자연농을 하는 농부가 있다는 것도 놀라웠거니와, 레스토랑과 함께 농장을 운영하면서 직접 채소를 공급하고 있다는 점도 흥미로웠다. 1970년대부터 유기농 및 로컬푸드 운동이 활발하게 시작된 캘리포니아에는 이와 같은 'Farm to Table' 레스토랑'농장에서 식탁으로' 라는 모토로, 레스토랑 소유의 농장에서 직접 키운 신선한 친환경 채소로 요리를 선

보이는 레스토랑이 차차 늘어나고 있다. 많은 이들이 고민하는 '자연농을 생계수단으로 이어가기'에 대한 좋은 사례가 될 것 같았다.

약속 전날, 평소처럼 부모님과 함께 저녁을 먹고 TV를 보며 다음 날 방문할 곳에 대한 이야기를 나눴다. 실리콘밸리 지역에 사는 대부분의 가족들이 그렇듯, 나의 아버지도 IT 업체에서 평생을 근무해오셨다. 동시에 자연, 자유, 평화를 추구하는 옛 1970년대 히피 운동을 겪어온 분이기도 해서, 우리의 다큐멘터리 작업에 대해 적극 공감하고 지지해주셨다. 그래서 문득 이 인터뷰에 아버지도 함께 가시는 건 어떨까 하는 생각이 들었다.

지금도 생생히 기억나는 어린 시절 추억 중에 '아이들을 회사로 데려오는 날'이라는 행사가 있다. 1년에 하루, 아버지와 함께 회사로 출근해서 사무실과 아버지의 책상을 둘러보고 회사 사람들을 소개받았다. 어렸던 내게는 지루한 느낌도 없지 않았지만, 그래도 아버지가 하시는 일에 대해 좀 더 이해할 수 있는 시간이라서 좋았다. 마치 그 행사처럼, '부모님을 내 작업에 초대하는 날'을 마련한다면 어떨까 하는 생각이 들었다. 함께 인터뷰 현장에 가서 생생한 목소리를 듣는다면 내가 아버지께 선사하는 좋은 추억이 될 것 같았다. 아버지는 흔쾌히 동의하셨고, 그렇게 함께 크리스틴의 농장을 찾아갔다.

우리가 향한 곳은 샌프란시스코만 동쪽 언덕 지대의 '수놀 농

업 공원'. 열댓 개가 넘는 다양한 농장들이 모여 있는 넓은 농업 공원
이다. 국유지인데다 수자원 보호구역이어서 공원 전체가 철조망과
거대한 문으로 둘러싸여 있었다. 크리스틴이 일러준 대로 문 앞에서
전화를 걸었더니, 얼마 지나지 않아 자전거를 타고 크리스틴이 마중
을 나왔다. 안에서 버튼을 누르자 삥음을 내며 문이 열렸고, 천천히
자전거를 따라 먼지가 폴폴 날리는 비포장도로를 달렸다. 공원 가
운데에는 그리스 양식으로 지어진 거대한 건물이 있었다. 아버지는
"참 독특한 공원이구만." 하고 가만히 중얼거리셨다.

　　각각 자전거와 차에서 내려 정식으로 인사를 나눈 다음, 크리
스틴에게 오는 길에 본 그 괴이한 건물이 무엇인지 물어보았다. "수
놀 물 신전Sunol Water Temple이에요. 100년 전쯤 샌프란시스코에 물
을 독점 공급하던 기업가가 자신의 업적을 과시하려고 지은 건물이
죠. 그런데 그 물 공급 때문에 논란이 많았어요. 그 건물이 완공된
1910년 당시에 한창 요세미티 국립공원 안에 큰 댐을 짓는 문제로
논쟁이 벌어지고 있었죠. 정부는 결국 기업가 손을 들어주었고, 요
세미티를 지키려고 애썼던 환경운동가 존 뮤어는 크게 낙담해서 몇
해 지나지 않아 세상을 떠났어요. 나중엔 결국 그 댐에서 흘러온 물
이 이곳을 지나 샌프란시스코로 공급됐어요."

　　역설적이게도 지금 이 농장들이 자리 잡고 있는 곳은 물을 독
점 공급하면서 부를 쌓은 기업가가 자신의 재력을 과시하기 위해 만

든 공원이었다. 지역 농부들을 쫓아내고, 저수지와 댐을 지어 환경을 파괴하고, 비싼 돈을 받으며 지하수를 팔았던, 그렇게 자연과 사람을 착취하며 부를 쌓았던 기업가가 만든 이 공원에서 지금은 자연농, 유기농 농장이 운영되는 것이다. 묘한 기분이 들었다.

크리스틴이 일하는 '나무농장'은 샌프란시스코 미션 지구의 한식 레스토랑 '나뭇가지'에 소속되어 있다. 나뭇가지의 대표이자 수석 요리사인 데니스 리는 깻잎이나 배추 등 미국에서 구하기 힘든 한국 채소들을 직접 재배하기 위해 레스토랑 직영 농장을 시작했다. 한편 크리스틴은 쭉 자라온 뉴욕에서 도시농업에 참여하며 농사에 관심을 갖기 시작했고, 캘리포니아로 옮겨오면서 주변 재미교포들을 통해 한국 채소를 처음으로 맛보았다. 생후 5개월 때 미국 가족에게 입양되어 한국과는 완전히 동떨어진 채 살아왔지만, 신기하게도 깻잎의 향에는 곧장 매료되어 버렸다. 이후 지인을 통해 나뭇가지에 깻잎을 공급하면서 크리스틴과 나뭇가지의 인연이 시작되었다. 자연농을 더욱 본격적으로 시도해보고 싶었지만 경제 사정이 여의치 않았던 크리스틴이 나뭇가지를 위한 자연농 농장을 데니스에게 제안하면서 본격적으로 나무농장이 시작되었다.

지루하지 않은 맛과 삶

레스토랑과 함께 자연농 농장을 운영하신다는 점이 정말 흥미롭습니다. '나뭇가지'와의 첫 만남은 어땠나요?

정원이나 농장을 가지고 있는 레스토랑은 많지만 그중에서도 나뭇가지는 특별해요. 농장을 그저 마케팅 수단으로 삼거나 레스토랑 홍보를 위해서 운영하는 게 아니라, 정말로 그 재료가 꼭 필요하기 때문에 농장을 운영하거든요. '이 지역 레스토랑들이 모두 하고 있으니까, 우리도 대세를 따라야지' 하는 식의 가벼운 태도가 아니라 농사 자체를 소중하게 여긴다는 점이 저는 참 좋아요.

처음 농장을 시작하던 때 여긴 그냥 빈 땅이었죠. 아주 척박했어요. 하지만 저는 나뭇가지 사람들에게 이 농장에서 이런 걸 하고 싶다, 이런 작물을 심어보고 싶다는 계획을 차근차근 들려주었어요. 자연농으로 길러서 맛이 아주 뛰어난 채소로 요리한다면 레스토랑에도 분명 큰 도움이 될 거라고 확신했습니다. 초반에는 어려움을 겪을 수도 있겠지만 시간이 지날수록 더 쉬워질 거라고 믿었죠. 진심으로 자신이 하는 일을 믿고 그것을 행동으로 실천하는 게 제일 중요하다는 말도 했어요. 제 예전 동료는 저의 이런 행동이 '미친 짓'이라며 비웃었지만, '나뭇가지' 사람들은 제 믿음을 지지해주었어요.

서로 믿음을 주고받는 사람들과 일한다는 건 정말 행운이네요. 농장의 규모는 어느 정도인가요? 그리고 농장 작물은 어떻게 레스토랑에 공급되나요?

약 1,200평 정도입니다. 키우는 종류는 아주 다양하고요. 사실 레스토랑에서 필요로 하는 것보다 농장 작물의 종류가 많지만 그게 좋을 때도 있어요. 예를 들어 날씨 때문에 어떤 작물 수확량이 적을 때 다른 작물로 대체해서 공급할 수 있거든요. 이렇게 농장에서 나오는 채소 종류에 따라 메뉴를 조금씩 바꾸기도 해요. 다행히 요리사들이 모두 창의적이고 새로운 재료에 도전하는 걸 좋아해요. 매주 일정한 양을 공급하지 못한다거나 그때그때 채소 맛이 조금씩 달라져도, 거기에 맞춰서 다르게 요리를 하더라고요. 식물들도 인간처럼 저마다의 삶이 있는데 같은 조건 아래에서 모두 똑같이 잘 자라주었으면 하는 것은 우리의 욕심이라는 생각이 들었어요. 우리는 식물에 의존하는 쪽이니까, 농사도 요리도 당연히 식물이 자라는 대로 맞추어나가야 하는 거예요.

인간이 원하는 대로가 아니라 식물이 자라는 대로, 그렇게 관점을 바꿔본다는 게 재밌네요.

처음 거두는 시기와 마지막 끝물 시기의 콩 맛을 비교해보면 정말 다르거든요. 그 차이를 느끼는 게 정말 재밌어요. 처음 수확하는 건 달콤하고 촉촉한데, 끝물 콩은 맛이 진해요. 사람들은 이런 차이를 들여다보는 걸 귀찮다고 생각할 지도 모르겠어요. 저는 이게 참 좋아요. 창의적이라고 할까요. 모든 게 항상 다 다르니까 지루하지가 않죠. 제 생각엔 이렇게 하나하나가 특별해지면 음식도 더 맛있어진다고 봐요. '콩이 자라는 게 뭐 다 똑같지' 이렇게 생각하면 안 돼요. 제대로 관심을 갖는다면 분명 다르게 느껴질 거예요.

이쪽엔 허브가 많네요. 이 허브들도 다 레스토랑에서 쓰는 건가요?

레스토랑에서 필요한 양보다 훨씬 더 많지요. 실은 레스토랑과 직접 관련 없는 작물도 많아요. 대신 흙에 도움이 되거나 다른 생물들에게 좋은 서식지를 마련해주니까 그 역할을 중요하게 보는 거예요. 경제적 관점으로 본다면 말이 안 될 수도 있어요. 하지만 허브는 제가 좋아하는 작물이기도 하고, 이 농장과 레스토랑의 관계에서도 중요한 역할을 한다고 생각해요. 예를 들면 서양톱풀Yarrow은 약효가 뛰어나서 피를 멈추는 데 좋아요. 주방에선 손을 베는 일이 자주 있으니까, 반창고나 거즈 대신 이 허브를 쓰면 참 좋겠다는 생각으로 키우고 있어요.

레스토랑에서 필요로 하는 채소 이외에, 크리스틴이 제안해서

재배하는 작물도 있나요?

네, 여기 이 오이가 그래요. 'Sour Gherkin'이라는 멕시코산 작은 오이인데요, 워낙 맛이 좋다고 여러 번 들었고, 토종씨앗 목록에서 본 이후로 쭉 길러보고 싶다는 생각을 해왔어요. 나뭇가지에 먼저 이야기를 꺼냈더니 마침 반찬거리가 필요한데 잘 됐다며 반가워했고 마침내 키우게 됐지요. 보기엔 좀 물컹하게 생겼어도 맛은 꼭 피클처럼 진해요. 그런데 이건 시장에서는 구할 수 없어요. 아마 한 바구니에 12달러 정도는 받아야 할 텐데, 작은 크기에 비해 값은 비싸니 살 사람이 드물겠죠.

이 오이처럼 관심 가는 다양한 작물을 직접 시도해보면서 농사를 짓는 게 참 재미난 일일 것 같네요.

그렇죠. 제가 정말 좋아하는 토마토가 있는데 별명이 '털복숭이 복숭아'예요. 아이오와에서 온 종자인데 원래 이름이 너무 길어서 그렇게 별명을 지어줬죠. 달콤한 맛도 감촉도 복숭아와 비슷하거든요. 전에는 토마토를 별로 좋아하지 않았는데, 이걸 맛보고는 완전히 바뀌었죠. 이제는 어서 자랐으면 하고 간절히 기도할 정도라니까요.

한번은 제 친구가 농장에 와서 같이 둘러보다가 '털복숭이 복숭아'를 맛보여줬어요. "그동안 내가 먹어온 토마토는 뭐였지? 어떻게 이런 맛이 있을 수 있지?" 어리둥절해 하면서 도저히 못 믿겠다는 표정을 지었죠. 저는 친구가 그 차이를 느낄 수 있다는 게 정말 기뻤어요. 아직도 그 친구는 가끔 그 토마토 이야기를 해요. 이렇듯 아주 작은 것 하나라도 누군가에게 변화를 일으킬 수 있다는 걸 보면서 희망을 느껴요.

사람, 가지, 땅다람쥐의 공존

그렇군요. 농사로 작물을 키워낼 뿐만 아니라 사람들의 생각까지 바꿀 수도 있네요.

네. 저는 때때로 왜 농사가 내게 중요한 일인지 되새겨보곤 해요. 농사는 우리가 잃어버린 것을 되찾을 수 있는 '기회'가 아닐까 생각합니다. 친밀감, 따스함, 관계의 그물망…, 원래 우리 삶 속에 자연스레 깃들어 있었지만, 언제부턴가 사라져버리고 말았지요. 그 소중한 것들을 다시 느낄 수 있는 값진 기회가 바로 농사라고 봐요. 저는 미국에서 자랐기 때문에 개인주의와 자본주의를 자연스럽게 배웠죠. 그런데 농장에서는 그것과 아예 다른 관점을 가져야 할 때가 많아요. 예를 들면 여기를 '내' 농장이라고 부르기는 하지만, 계약서에 내 이름이 적혀 있으니 내 농장이라는 건지, 아니면 이곳의 모든

것들에 내 정성을 담고 있기 때문에 내 농장이라고 할 수 있는 건지, 곰곰이 생각해보는 거죠.

저 역시도 개인주의와 자본주의를 자연스럽게 습득하게 된 미국인으로서, 자연농에 대해 조금씩 알아갈 때마다 혼란을 겪었습니다. 자연농의 관점은 지금 이 주류 사회의 관점과는 완전히 다르니까요.

맞아요. 옛 사람들이 그랬고 자연농에서 강조하는 것처럼 자연과 사람이 평화롭게 공존하던 관계는 어느 순간 단절되고 말았죠. 그 대신 '우리는 자연과 완전히 다른 존재'라는 믿음이 생겨났어요. 이후 자본주의가 체계적으로 자리 잡았고요. 그러면서 자급자족 위주로, 공동체를 중심으로 이뤄져왔던 농업이 전혀 다른 형태로 바뀌고 말았습니다. 계획적인 변화였지요. 전통적으로 이어져온 기본적인 생계 수단이 현대화된 산업 시스템으로 바뀐 거예요. 인류는 기계화된 대규모 산업농이 혁신적인 아이디어라고 생각했습니다. 근데 전 이해가 잘 안 가요. 모든 걸 기계화하고 그걸 또 엄청난 규모로 확대한다면, 과연 농부들이 땅에 대해 바르게 알고 자기 일에 정성을 쏟을 수 있을까요?

제 생각에 농사는 먹을거리를 키우는 일이기도 하지만 동시에 세상을 보는 마음가짐이기도 해요. 세균이나 곰팡이, 땅다람쥐, 새처럼 농장에서 만나는 모든 생명체들에게 좀 더 사려 깊게 대한다면, 나아가 사회생활이나 사람 사이의 관계에서도 더 넓은 관점으로 다시 생각해볼 수 있겠지요. 게다가 농사를 지으면 직접 눈으로 보고 손으로 만질 수 있기 때문에 늘 더 친근하고 의미 있는 관계를 만들 수 있어요. 그러니 농사는 단지 몸에 영양을 공급하는 먹을거리를 기르는 것 이상으로 더 중요한 의미가 있지요.

그런 농사를 직업으로 삼아 살아가고 있다는 게 참 뿌듯할 것 같아요.

꼭 그렇지만은 않아요.(웃음) 가끔은 정말 속이 터질 때도 있어요. 올해는 땅다람쥐 때문에 가지를 3분의 1이나 잃었거든요. 가만 앉아서 지켜보면 마치 만화처럼 쏙! 하고 가지가 구멍 속으로 사라져요. 그걸 보고 있자니 '요놈 봐라!' 하고 화가 치솟는 거예요. '안 되겠다, 덫을 사야겠다'라는 생각도 했어요. '저번엔 야생무도 먹으라고 남겨줬는데, 이 정도면 나도 많이 참았는데…' 하고 부글부글 속이 끓다가, 화를 가라앉히고 다시 생각해봤죠. '정말 땅다람쥐를 다 없애는 게 옳을까? 아니지, 그럼 어떻게 해야 할까' 되도록 함께 공생하면 좋지만 희생이 불가피한 부분도 있겠죠. 아직도 계속 고민하고 있어요. 어려운 부분이지만 이렇게 하나하나 내가 어떻게 하고 싶은지, 어떻게 살아가고 싶은지 생각할 수 있는 기회가 있다는 게 좋아요.

돌이켜보면 제가 도시에서 직장인으로 지내던 때엔 그렇게 생각해볼 수 있는 시간도, 기회도 전혀 없었어요. 어떤 면에서 자연농은 좀 더 주체적인 삶의 방식이라고도 볼 수 있겠네요.

그렇죠. 진짜 중요한 건, 어떤 것이든 아주 작은 관심과 노력을 쏟는다면 가장 의미 있고 소중한 관계로 만들어나갈 수 있다는 거예요. 한번은 아주 똑똑한 고등학생이 농장에서 인턴으로 일한 적이 있어요. 과학 올림피아드나 경시대회에서 상도 많이 받은 우등생이었죠. 우리가 어떤 일을 하는지 관심이 많았어요.

근데 저는 그 친구와 이야기를 나눌 때마다 자꾸만 벽에 부딪히는 느낌이었어요. 이 일을 정말 재밌어 하는지 아닌지, 마음을 알기가 어려웠죠. "이건 왜 이런 거예요?" 하고 물을 때마다, "여기는 이런 게 이렇게 자라면 좋아."라든가 "음…, 그렇게 될 수밖에 없었던 것 같아."라는 식으로 두루뭉술하게 대답할 수밖에 없었죠. 그 친구로서는 그런 답을 도저히 이해할 수 없었는지 우두커니 보고만 있을 때가 많았어요. 한번은 "널 답답하게 하려는 게 아니야. 다른 사람한테 의지해서 무엇을 해야 하고 무엇을 하면 안 되는지 하나하나 점검받을 필요 없이, 그저 마음껏 자유롭게 할 수 있다는 자체를 즐기면 돼."라고 말했더니 그제야 조금 납득하는 것 같았어요.

흔히 사람들은 아주 간단한 정원 일조차 겁부터 먹어요. 철물점에 가서 이런저런 걸 사야 할 것 같고 공부도 해야 할 것 같고. 그런데 정말 그럴 필요가 없어요. 그저 마음을 열고 관심을 갖는다면, 그걸로 다 돼요. 물론 그 자체가 어려울 수도 있지만요.

아주 쉽지만 동시에 아주 어려운 일이라는 데 공감합니다. 저희도 어떻게 자연농을 현대사회에서 살고 있는 보통 사람들과 연결시킬 수 있을까 고민이 많아요.

제가 자연농이 아름답다고 생각하는 이유는, 두 발이 맞닿아 있는 땅과 더 가까이 이어질 수 있기 때문이에요. 지식을 쌓고 연구하면서 합리적으로 판단하는 것도 중요하지만, 자신의 직감이라든가 자연과 교감하며 쌓아온 경험 역시 마찬가지로 중요하지요. 원래 농사는 그런 교감, 자연과의 관계를 바탕으로 하는 일이었는데, 안타깝게도 이 사회는 점점 더 그 기초에서 멀어졌어요. 그런 감각을 단번에 다시 얻는 것은 어렵겠지만 저는 사람들의 생각이 조금씩 바뀌고 있다고 봐요. 거대한 고정관념도, 낡은 사고방식도 자연스레 점점 변하게 마련이잖아요. 그래서 저는 변화가 가능하다고 믿는 쪽이에요. 다만 한쪽 방향으로 쏠려 있는 사람들의 시선을 전환할 수 있는 어떤 계기가 필요하겠죠.

인터뷰를 마무리하고 크리스틴의 안내로 아버지와 나는 농장 곳곳을 천천히 둘러보았다. 이 땅이 품고 있는 역사를 떠올려보면서, 바퀴처럼 돌고 도는 흐름을 되짚어보았다. 오래전 아마도 아메리카 원주민들이 오랜 세월 자연과 어우러져 살아왔을 초원에서, 탐욕스러운 기업가의 욕심으로 거대한 신전이 세워졌다가, 오늘날 본래의 자연을 중요시 여기는 사람들의 손길로 농업 공원이 되기까지⋯. 공간의 역사도 시간의 흐름도 마치 '숨은 원'처럼 이어지고 있다는 걸 거듭 실감했다.

한편으론 어린아이였던 내가 아버지의 직장을 찾아갔던 그 옛날, 그리고 아버지가 나의 작업에 관심을 갖고 동행하신 지금 이 상황 역시 또 다른 '숨은 원'이지 않을까 하는 생각이 들었다. 그리고 아버지의 소감이 궁금했다. "아까 맛본 토마토가 정말 맛있었어!" 활짝 웃으며 말씀하시는 그 한마디만으로도 왠지 가슴이 뿌듯하게 벅차올랐다.

크리스틴이 들려준 이야기 속 농부는 단순히 직업으로서의 농부에 국한되지 않는다는 생각이 들었다. 땅 위의 여러 생명체를 돌보며 함께 살아가는 자연의 일부, 비유하자면 '자연의 가족'이라고 볼 수 있지 않을까. 만약 농부뿐 아니라 세상 사람들 모두가 이렇게 자연의 가족이 된다면 어떨까. 이를테면 평생 IT업계에서 일해오신 아버지, 평범한 가정주부이신 어머니, 실리콘밸리의 직장인인 동생… 이 모든 사람들이 자연의 가족이라는 관점을 지닌다면, 세상은 지금보다 훨씬 더 나은 쪽으로 바뀌어가지 않을까.

그렇다면 어떻게 해야 '가족'이라는 의식을 가질 수 있을까? 지나온 내 경험을 돌이켜보면, 하나의 중요한 출발점은 '내 집은 어디일까?'라는 질문이었다. 다큐멘터리 작업을 시작한 이래로 지금까지 나는 쭉 집 없이 지내왔다. 때때로 "어디에 사세요?"라는 질문을 받을 때마다 "집 없이 곳곳을 돌아다니고 있어요."라고 대답하곤 했다. 대신 '지구'가 나의 집이라는 새로운 믿음이 생겼다. 물론 이 거대한 집은 나만의 집이 아니라 모두가 함께 사는 집이다.

동시에 이 집에 함께 사는 다른 생명체들은 자연스레 나의 '가족'이 되었다. 이 관점에서는 자연스레 이런 질문을 품게 된다. 누가 우리 '집'을 오염시키고 있는가? 이 세상 누구도 자신의 집을 스스로 더럽히고 망가뜨리고 싶지는 않을 것이다. 하지만 안타깝게도, 지금 우리들이 바로 그렇게 하고 있다.

이렇듯 지구를 집으로 보는 관점은 내 일상을 서서히 변화시켰다. 작은 물건을 살 때나 바깥에서 음식을 사먹을 때 이 행동이 내 집과 가족에게 미칠 영향을 생각해보면서, 되도록 피해를 끼치지 않는 쪽으로 조심한다. 크리스틴이 들려준 '모든 생명체들을 좀 더 사려 깊게, 신중하게 대하는 태도'에 대해 생각하는 동안, '가족에 대한 사랑' 역시 다시 정의하게 되었다. 가장 가까운 혈연관계뿐만 아니라, 보이지 않는 끈으로 이어져 있는 지구 위 모든 생명체를 가족으로 여기며 아끼는 마음, 우리 모두의 집인 지구에 대한 애정과 보살핌으로까지 확장된 것이다. 소중한 가족을 위해 진심 어린 사랑을 내보내고, 다시 그 사랑을 돌려받으며 풍요롭게 살아가는 삶. 내가 자연농에서 배운 가장 귀한 가르침이다.

°크리스틴 리치Kristyn Leach

미국 캘리포니아 주 수놀에 있는 '나무농장'에서 농사를 짓고 있다. 샌프란시스코의
한식 레스토랑 '나뭇가지'에 깻잎, 배추, 무 등 한국 채소 위주로 다양한 작물을 공급
한다. 석유에 의존하지 않는 농사와 더불어 토종씨앗을 지키고 퍼뜨리는 일, 자신의
뿌리인 한국의 전통문화를 익히고 이어가는 일에 꾸준히 관심을 두고 있다.

6

밭에서 식탁으로 가는 거리를 줄입니다

데니스 리

성장을 나눌 수 있다는 기쁨

크리스틴을 인터뷰한 몇 주 뒤, 샌프란시스코에서 다시 만날 약속을 잡았다. '나뭇가지'의 요리사 데니스 리를 직접 만나 레스토랑에 대한 더 자세한 이야기를 들어보고 싶어 크리스틴에게 도움을 청한 것이다. 크리스틴은 채소를 배달하러 종종 나뭇가지에 가니, 배달하는 날 함께 가보자고 했다. 알고 보니 나뭇가지는 내가 실리콘밸리에 일하던 시절 종종 즐겨 찾던 미션 지구의 한복판, 전망 좋은 돌로레스 공원 앞에 있었다. 이름에 걸맞게 나무 재질로 잘 꾸며진 실내는 정갈하고 세련된 느낌이었다. 두 동생과 함께 이곳을 운영하는 대표 요리사 데니스 리가 야구모자를 눌러쓴 장난기 넘치는 얼굴로 우릴 맞아주었다.

크리스틴을 통해 대략 전해 들었습니다만, 나뭇가지 레스토랑이 처음 자연농에 관심을 두게 된 배경이 궁금합니다.

저는 관심이 생기는 것들이 있으면 그것에 대해 되도록이면 깊게, 잘 이해하고 싶어 합니다. 요리를 업으로 하면서 차차 풍요로운 음식 문화에 대해 알아갔고, 레스토랑을 시작하면서부터는 가능한 한 바람직한 방식으로 운영하고 싶었어요. 농작물이 어떻게 길러지는지 관심을 두면서 쭉 직접 키우고 싶다는 생각도 품었습니다. 솔직히 제가 열심히 일하는 이유는 돈을 많이 벌기 위해서가 아닙니다. 비유하자면 '탐험'과 같아요. 음식에 대한 탐험이죠. 우리가 할 수 있는 만큼, 작은 규모의, 가장 이상적인 시스템을 계속해서 탐험하고 있습니다. 계절 감각을 키우고, 지역 먹을거리에 집중하고, 농장에 찾아가서 직접 일하고, 차차 그런 과정들을 거쳐왔지요. 그러다 크리스틴을 만나 이야기를 주고받으면서 지금이 바로 자연농 농장을 시작할 때라고 생각했죠.

점차 늘어나고는 있지만 여전히 레스토랑과 농장을 동시에 운영하는 곳은 많지 않습니다. 품이 많이 드는 일이라 그렇겠지요. 특히 이렇게 작은 규모의 레스토랑이라면 더 어려운 결정이었을 텐데, 어떻게 결심하셨나요?

예전부터 이런 일이 일어날 거라는 확신이 있었어요. 하지만 언

제가 될지, 구체적으로 어떤 변화가 일어날지는 몰랐습니다. 막연히 비슷한 공감대를 가진 사람에게 영감을 얻을 거라고 생각했죠. 실제로 그랬고요.

크리스틴과 함께하는 이 농장은 저희에게 참 소중한 경험이 됩니다. 크리스틴이 일하는 모습을 보면서 동시에 저희도 더 새로운 걸 시도해보고 싶어집니다. 앞으로 무엇을 더 해볼 수 있을지 신나게 그려보기도 합니다. 경쟁 위주의 자본주의 시장 안에서 이 모든 과정들은 그 자체만으로도 무척 도전적이고 보람 있는 경험이죠.

나무농장과 나뭇가지 레스토랑이 어떤 식으로 함께 일하는지 궁금합니다.

일단, 자주 이야기를 나누면서 무엇을 어떻게 키울지 고민하죠. 크리스틴이 새로운 생각이나 기르고 싶은 작물을 먼저 제안하기도 하고, 제가 알고 있는 어떤 작물에 대한 정보를 주기도 합니다. 요리사로서 저는 굉장히 모험을 즐기고 열려 있는 편입니다. 그래서 어떤 때는 재료의 제한을 두는 게 오히려 도움이 됩니다. 다만 어떤 사람이 저를 억지로 제한하려 하는 것보다, 자연스럽게 제약을 두는 게 훨씬 더 낫죠.

이를테면 크리스틴이 "자, 여기 있어요." 하고 채소를 가져와요. 그러면 그 재료로 뭔가 만들기 시작하죠. 세상에 있는 온갖 재료를 떠올리면서 음식을 구상할 필요가 없어요. 저는 이게 정말 마음에 들어요. 우리가 바른 방향으로 성장하고 있다는 확신이 들지요. 그리고 성장의 기쁨을 동료 및 손님들과 함께 나눌 수 있다는 게 매우 보람찹니다.

채소의 진짜 가치

계절에 따라, 매번 나오는 재료에 따라, 메뉴가 자연스레 바뀐다는 게 손님에게도 재미있을 것 같네요.

네, 농장을 시작하고부터 메뉴는 늘 바뀌고 있습니다. 수시로 달라지죠. 흔히 제철 재료를 사용한다고 하면 1년에 네 번, 계절이 바뀔 때만으로 오해하는 분들이 많습니다. 하지만 재료는 항상 다르죠. 석 달에 한 번이 아니라, 일주일마다 또는 매일매일 달라집니다. 사실 저도 처음 레스토랑을 시작했을 때 아주 평범한 메뉴 위주로 꾸렸습니다. '자고로 한식은 이래야지'라는 고정관념 안에서 메뉴를 정했죠.

이야기를 듣고 보니 보통 요리사들에게는 시도조차 어려운 일일 것 같네요. 끊임없이 새 메뉴를 개발해야 하는 걸 귀찮아할

것도 같고요. 원래 모험심이 강한 편입니까?

물론 제게도 새로운 걸 끊임없이 배우고 익혀나가는 건 어려운 일입니다. 하지만 사업에서나 요리에서나 저는 직감을 따르는 편이에요. 그리고 되도록이면 지금 이 순간에 충실히 머무르려고 노력하지요. 저는 자연스러운 농사가 좋다고 생각하기 때문에 이런 수고로움은 아무렇지도 않습니다. 자연농이 가능하다는 걸 사람들이 알도록 하는 게 중요하다고 생각합니다.

손님들과 농사나 농장 운영에 대해 이야기를 나누기도 하나요?

농사에 특히 관심이 많은 분들과 이야기를 나누는 건 정말 좋지요. 하지만 그저 맛있는 식사가 목적인 분들께 굳이 농사에 대해 소개하고 이야기를 나누는 건 어렵습니다. 사실 대부분의 사람들은 저희 배경에 특별한 관심을 갖지 않습니다. 더 솔직하게는 무엇이 옳고 그른지에 대해 듣는 걸 원치 않지요. 아마 설교처럼 느껴질 거예요. 자연스러운 반응이라고 생각합니다. 특히 자연농으로 키운 농작물을 쉽게 접하기 어려운 상황에서 제가 "자연농이 더 나아요."라고 말한다면 잘난 척으로 들릴 수도 있어요. 하지만 자연농에 대해 알아보다가 먼저 연락을 해온다거나, 재료에 특히 관심을 갖는 사람들과는 즐겁게 이야기를 나눌 수 있습니다.

제가 특히 중요하게 여기는 건, 사람들이 채소의 진짜 가치를 알아보는 거예요. 예를 들면 채소를 키우는 데 얼마나 많은 노동이 필요한지, 어디서 어떻게 재배되는지 아는 건 정말 중요하죠. 그렇기 때문에 저는 레스토랑의 모든 직원들부터 밭에서 하는 일을 정확히 알게 하려고 합니다. 직접 밭으로 나와서 땅에 무릎을 꿇고 손에 흙을 묻히며 참여하도록 이끌고 있습니다.

저도 나무농장을 가봤는데 생생한 생명력이 느껴지는 공간이어서 머무는 내내 참 즐거웠습니다.

그렇게 느끼셨다니 다행입니다. 기자들을 비롯해서 저희 농장에 찾아오는 사람들은 이런 기대를 해요. "음, 자연스럽고 조화롭게 짓는 농사라니, 정말 근사한 풍경이 펼쳐지겠지. 멋지게 줄지어 선 작물과 반짝거리는 빨간 트랙터처럼 그림 같은 장면을 볼 수 있을 거야." 그리고 농장을 보고 나선 이런 반응을 보이죠. "여긴 그냥 황무지 같네요." 그렇게 실망한 사람들에게 저는 "네, 자연스런 풍경이지요."라고 대답합니다. 저희가 하는 여러 시도들은 마치 씨앗을 심는 것과 같아요. 차츰차츰 사람들의 시야를 넓혀주는 일이라고 생각해요.

맛있는 음식을 조리해서 손님에게 내놓는 요리사 그리고 그 재료가 되는 채소를 자연에서 길러내는 농부, 밭에서 식탁까지 딱 두

사람의 손을 거친다. 이 간결한 연결고리에 비하면, 현대 사회의 '일반적'인 유통 경로는 얼마나 거대하고 복잡한가. 비료와 농약에 의존하여 대량생산된 채소는 도매상과 소매상, 여러 운송수단과 판매장소를 거쳐 마침내 소비자에 이른다. 이 복잡한 과정에는 엄청난 에너지가 쓰이고, 또한 상당량이 제대로 쓰이지 못하고 버려진다. 지금 내 앞에 앉아 "올 가을엔 어떤 씨앗을 새로 심어볼까" 하고 한껏 들뜬 표정으로 이야기 나누는 두 사람을 보면서, 더없이 단순한 이 경로가 얼마나 효율적이고 믿음직하며 즐거운 방식인지를 깊이 절감했다.

°데니스 리 Dennis Lee

미국 보스톤에서 태어나고 자랐다. 요리학교를 다니거나 제대로 공부한 적은 없지만, 한식당을 운영하는 이모와 어머니 곁에서 일을 도우며 경험으로 요리를 배웠다. 샌프란시스코로 이주한 후 '나뭇가지' 레스토랑을 열어 형제들과 함께 운영하고 있다.

'세상에서 가장 느린 레스토랑'

REALtimeFOOD

요리사도, 접시도, 음식도 없는 텅 빈 식당에서 음식을 주문합니다. 주문을 받은 웨이터는 "감사합니다. 주문하신 음식은 저희가 지금부터 기르기 시작합니다. 채소가 다 자랄 즈음, 몇 주 뒤에 다시 저희 식당을 찾아주세요."라고 대답합니다.

'우리가 먹는 음식의 재료는 맨 처음 어떻게 생겨나는 걸까?'
'어떤 경로를 거쳐 우리 식탁에 오르는 걸까?'
'이 과정에 대해 너무 모르거나 잘못 알고 있는 것은 아닐까?'
자연농 농부들을 인터뷰하면서 생겨난 이러한 질문들로부터 '세상에서 가장 느린 레스토랑-REALtimeFood' 프로젝트가 시작되었다. 지금 이 거대한 농업 구조와 유통 경로를 샅샅이 다 확인할 길은 없지만, 적어도 우리가 직접 키우고 요리하면서 그 모든 과정을 실제로 겪어보고, 사람들과 함께 그 경험을 생생하게 나눈다면 어떨까? 그리고 그 과정 속에서 자연과 우리가 더 가까이 이어질 수 있는 여러 기회를 마련해본다면 어떨까? 이런 크고 작은 아이디어를 조금씩 덧붙여가며 프로젝트를 구상하기 시작했다. 그리고 2015년 여름, 오사카 남부 기타카가야 지역에서 '모두의 농원'이라는 도시 텃밭을 운영하며 공동체와 예술, 환경을 주제로 활동하는 'NPO 코토하나' 및 '치시마 재단'과 함께 이 프로젝트를 시작했다.

　'모두의 농원' 텃밭 안쪽에는 부엌 겸 갤러리, 이벤트를 위한 실내 공간이 마련되어 있었다. 우리는 이곳을 마치 일반 식당처럼 꾸며놓고 사람들을 초대했다. 그리고 직접 '세상에서 가장 느린 레스토랑'의 직원이 되어 앞치마를 두르고 주문을 받았다. 메뉴판에는 '기타카가야 정식'이라는 한 가지 메뉴만 넣었다. 계절에 맞는 채소를 여러 종류 심을 계획이었지만, 어떤 채소를 얼마만큼 거둘지 몰라서 자세한 메뉴 소개 대신 '정식'이라는 폭넓은 이름을 골랐다. 마침내 열린 첫 주문 이벤트 날, 자리에 앉은 손님들께 정중하게 주문을 받은 다음, 빈 접시 위에 주문 확인 카드를 담아 날랐다. 그리고 텃밭에 무성하게 자라던 민트, 레몬밤, 로즈마리를 모아서 우려낸

차가운 허브티를 냈다. '레스토랑 오픈'이라는 행사 이름을 보고 찾아왔던 손님들은 비록 차 한 잔만 마시고 일어서야 했지만 신선하고 낯선 이 레스토랑의 제안에 즐거워하는 듯했다.

이 주문 이벤트 다음 날부터 본격적인 텃밭 농사가 시작되었다. 직접 씨앗부터 심어서 땅을 일구고 싶었지만 아쉽게도 주어진 시간이 빠듯한 탓에 근처 종묘상에서 모종을 사다 심었다. 매일 아침저녁으로 텃밭을 찾아 채소들을 돌보며 정성을 들인 덕분인지, 하나같이 하루가 다르게 무럭무럭 자랐다. 텃밭을 살피면서 우리는 매주 주말마다 잎사귀 카드 만들기 워크숍, 감각 명상 워크숍, 자연물로 그림 그리기 워크숍처럼 자연과 함께하는 예술 워크숍을 진행했다. 우리가 머물고 있던 숙소에서 만난 여행객부터 알음알음 소식을 듣고 찾아온 동네 주민, '모두의 농원'에서 이미 텃밭 농사를 짓고 있던 분들 그리고 '세상에서 가장 느린 레스토랑'에서 주문을 마친 손님들까지, 다양한 사람들이 이 작은 텃밭을 찾아 각자의 방식대로 자연을 만끽했다. 그리고 그들의 관심을 흠뻑 받으며, 채소들은 더 풍성하게 열매를 맺었다.

그렇게 한 달 반이 지나, '세상에서 가장 느린 레스토랑'이 긴 기다림 끝에 다시 문을 열었다. 일찌감치 주문을 마친 분들은 대부

분 다시 찾아오셨고, 중간에 열린 워크숍에 참가했던 분들까지 오
셔서 식당 안은 와글와글 복작거렸다. 어르신부터 꼬마들까지 다양
한 연령대가 어우러졌고, 처음 만난 사이여도 나란히 앉아서 정답게
이야기를 나누었다. 마치 동네잔치처럼 따듯하고 풍요로운 풍경이
었다. 음식을 내기 전, 이 프로젝트의 취지와, 지나온 한 달 반 동안
의 과정, 빈 밭에서 시작해 채소를 수확하기까지의 사진을 쭉 소개
했다. 사람들은 그저 흙뿐이었던 텅 빈 밭이, 온갖 꽃과 채소로 풍성
하게 채워진 밭으로 변화하는 과정을 보며 놀라워했다. 자연의 왕성
한 생명력과 거대한 힘을 실감하게 하는 과정이었다.

    짤막한 사진 소개 후, 마침내 음식이 나왔다. 다큐 제작 초기부
터 쭉 통역으로 참여하면서 도움을 주었던 일본인 친구 가오리가 요
리를 맡았고, 나와 패트릭이 주방보조로 함께했다. '마크로비오틱'
요리사인 가오리는 이번 레스토랑 음식에서도 음양의 조화를 생각
하며 자연 그대로의 맛을 살리는 요리를 준비했다. 그렇게 완성된
'기타카가야 정식'은 보기에도 아름다웠거니와 여름 채소의 싱싱
함이 알차게 담겨 정말이지 맛이 좋았다. 쭉 관심을 기울이며 자라
는 과정을 지켜봐 온 채소가 마침내 멋진 요리로 식탁 위에 오른 모
습을 보며 손님들은 무척 즐거워했다. 평소 채소를 썩 좋아하지 않
았다던 두 꼬마 고토네와 고하루도 토마토 젤리, 피망 찜, 두부 스테

이크 같은 다채로운 채소 요리들을 신나게 즐겼다. 자택이 바로 텃밭 옆이어서 채소가 자라는 모습을 꾸준히 지켜본 야마모토 씨는 "비록 도시 안에 있어도, 자연이 이렇게 가까이 있다는 게 비로소 실감이 나네요."라는 소감을 전해주었다.

2016년 가을에는 세토우치 해의 작은 섬 메기지마에서 다시 이 프로젝트를 진행했다. 오사카 외곽, 도시에서의 첫 번째 시도보다 더 자연에 가까운 환경 속에서, 지역 주민들과도 더 친밀하게 어우러지며 두 달 반에 걸쳐 텃밭을 가꾸었다. 이곳에서도 갤러리 겸 카페인 'Oni 카페'를 운영하며, 매주 자연을 주제로 한 워크숍 및 전시회를 열었다. 사실 일본 중남부의 외딴 시골, 작은 섬까지 찾아올 사람들이 얼마나 있을까 걱정했지만 기우였다. 오래도록 알고 지낸 친구들 그리고 2016년 봄 일본 내 상영회를 통해 이어진 새로운 인연들이 도쿄와 나고야, 히로시마, 오사카 등지에서 찾아와주었고, 멀리는 홍콩, 한국, 태국에서도 두루 친구들이 찾아왔다. 마침 3년에 한 번씩 열리는 일본 최대 규모 예술제인 '세토우치 아트 페스티벌'과도 시기가 겹쳐서, 예술제를 보러온 관광객들 역시 관심을 가져주셨다. 그렇게 여러 겹으로 이어진 풍성한 인연들 속에서 무사히 두 번째 프로젝트를 마칠 수 있었다.

자연농 프로젝트

다큐멘터리, 텃밭 프로젝트, 창작 워크숍처럼 우리가 해온 활동들의 모습은 저마다 조금씩 다르지만 '사람과 자연의 다시 이어짐'을 위한 활동이라는 점에서 그 바탕은 꼭 같다. 이와 같은 '이어짐'은 우리가 다큐멘터리를 만들어온 4년이라는 시간에 걸쳐 차차 깨닫게 된 핵심이자, 앞으로도 꾸준히 펼쳐가고픈 큰 주제이기도 하다. 원래 하나였지만 지금은 너무도 멀리 떨어져버린 사람과 자연이 다시 가까이 연결되는 것, 그런 '이어짐'이 먼저 있어야만 그 단단한 연결고리 위에서 조화로운 삶, 지속 가능한 삶, 더 건강하고 행복한 삶이 피어날 수 있으리라 믿는다.

1   2015년 6월 초, '세상에서 가장 느린 레스토랑'을 열고 주문을 받았다. 테이블도 메뉴판도 웨이트리스도 있지만, 정작 음식은 나오지 않는 이 독특한 레스토랑을 체험한 손님들은 당황하면서도 동시에 즐거워했다.

2   주문 이벤트를 마치고 텃밭을 시작했다. 단순한 텃밭이 아니라 즐겁게 머무르고 명상할 수 있는 공간을 마련하고 싶었다. 열쇠를 닮은 독특한 모양을 잡고, 한가운데 위치한 동그란 밭에 허브와 꽃을 모아 '허브정원'이라 이름 붙였다.

3   '허브정원'에 둘러앉아 '감각 워크숍'을 진행했다. 눈을 감은 채 청각, 촉각, 후각, 미각의 순서로 다양한 감각에 집중하도록 했다. 다채롭고 풍요로운 감각이 우리를 둘러싸고 있다는 걸, 도시에서도 이토록 풍성한 자연의 감각을 느낄 수 있다는 걸 전달하고 싶었다.

자연농 프로젝트

4 말린 잎사귀들을 모아 압화 작품을 만드는 '잎사귀 워크숍'을 열었다. 네 살 꼬마에게는 너무 어렵지 않을까 내심 걱정했는데, 차근차근 엄마와 함께 작품을 만들어내는 모습을 보며 감탄할 수밖에 없었다.

5 '잎사귀 워크숍'을 마치고 모두 함께 담은 기념사진. 꼬마부터 아가씨들, 어르신까지, 각자 만든 작품들을 바라보는 눈길에 뿌듯함과 기쁨이 가득했다.

6 레스토랑 겸 갤러리가 되었던 '모두의 농원' 실내 공간. 다큐 〈자연농〉의 스틸 사진과 함께 연이어 열린 자연 예술 워크숍들에서 만든 작품들을 모아 장식했다.

7 2016년 9월, 두 번째 '세상에서 가장 느린 레스토랑' 프로젝트가 진행된 메기지마. 다큐 상영회에서 스크린으로 썼던 천을 잘라 손바느질로 마무리한 뒤, 손 글씨를 써서 작은 팻말을 만들었다.

8 이웃집 친구가 선물한 레몬바질이 옮겨 심은 후 계속 말라가서 걱정했는데, 다행히도 얼마 지나지 않아 건강을 되찾았다. 이 레몬바질 덕분에 프로젝트가 진행되던 내내 날마다 신선한 허브차를 마시고 대접할 수 있었다.

9 산에서 나뭇잎을 가득 모아 밭에 흩뿌렸다. 맨 흙이 햇볕이나 바람에 바로 노출되지 않도록 덮어주기 위한 것. 친구에게 선물로 받은 커다란 보자기와 나뭇가지로 봇짐가방을 만든 패트릭의 표정이 환하다.

자연농 프로젝트

10 섬 곳곳에서 데려온 잎사귀, 꽃, 열매, 나뭇가지로 테이블을 아름답게 꾸몄다. 먹는 즐거움뿐 아니라 자연의 아름다움을 감상하며 만끽하는 즐거움까지 함께 누리기를 바랐다.

11 이웃 할머니께서 선물해주신 단호박 안에 두부크림을 넣고 쪄낸 요리. 동물성 재료 하나 없이 완전 채식 메뉴로 구성했는데, 놀라울 정도로 다채롭고 풍성한 차림이었다.

12 맨 마지막 점심 식사를 마치고 손님들과 함께 찍은 단체사진. 이 작은 텃밭에서, 레스토랑에서 다 쓰고 남을 정도로 풍성한 수확을 거두었다. 밭에 남아 있던 채소들은 이웃들께 마음껏 가져가시라고 선물해 드렸다.

7

많이 저둘 순 없지만 진실을 거둡니다

홍려석

세 번째 직업은 농부

전도유망한 국가대표 유도선수로 뜨거운 주목을 받았다. 이름난 대기업에서 간부로 일하며 흔한 말로 '잘 나가던' 시절도 있었다. 그러던 어느 날 갑작스런 해고를 당했다. 깊은 절망의 나락에 빠져 힘든 시간을 겪었다. 하지만 지금은 언제 그랬냐는 듯 논밭에서 땀 흘려 일하며 풀과 꽃과 채소 들과 살뜰히 이야기를 나누는 행복한 농부로 살아간다. 굽이굽이 험난한 고개를 넘어온 홍려석 님의 인생 스토리다. 흥미진진하게 펼쳐지는 이야기에 귀 기울이다 보면, '자연과 우리는 결국 하나'라는 그의 결론에 고개를 끄덕이게 된다. 그 파란만장한 인생은 경기도 연천에 있는 아름다운 농장, '해땅물 자연 재배 농장'에 튼튼히 뿌리를 내리며 알찬 열매를 주렁주렁 매달고 있다.

2012년 봄이었다. 자연농 다큐멘터리를 만들자고 결심했지만, 자연농도 다큐멘터리도 모두 낯설고 어렵기만 한 때였다. 무모한 도전은 아닐까, 어디서부터 어떻게 시작해야 하나, 막막한 심정으로 주변에 알음알음 도움을 청했다. 감사하게도 자연농을 더 자세히 알고 싶어서 전국 곳곳의 농장을 찾아다녔다는 최성현 님의 지인이 해땅물 자연 재배 농장을 소개해주었다. 전달받은 번호로 전화를 걸었더니, 우렁우렁 힘찬 목소리가 귓전에 울렸다. 언제든 찾아오라는 흔쾌한 답변이 고마웠다.

경기도니까 그리 멀지 않으리라 여겼는데, 휴전선 바로 아래 연천까지 가는 길은 제법 멀었다. 1호선 종착역 소요산역에서 다시 버스를 갈아타고 한참 더 가야 했다. 온통 군인들로 북적여 더 낯설던 연천 터미널에서 우리를 마중 나온 홍려석 님과 처음 만났다. 덥수룩한 수염과 굵은 뿔테 안경, 푹 눌러쓴 모자에다 낮게 울려퍼지는 음성 등 그동안 만나온 농부들과는 다른 강한 인상이었다. 나도 모르게 속으로 겁이 덜컥 났다. 그런데 거칠거칠 두툼한 손을 내밀며 먼저 반갑게 악수를 청해오셨다. 손을 맞잡고 얼굴 가득 환하게 피어난 웃음을 보고 나니 그제야 마음이 착 놓였다.

첫인상에서 받았던 그 '센' 느낌은 이후 미국에서 열린 상영회에서 특히 인기를 끌었다. 상영 후 관객들과 소감을 나눌 때면 늘

'오렌지 셔츠의 남자 분이 가장 인상 깊었다'라는 의견이 나왔다. 자연농의 철학, 배경, 가치관을 주로 담았던 다른 인터뷰들과 달리, 홍려석 님의 인터뷰에는 생생한 경험담이 많아서 그랬던 게 아닐까. 자연농의 철학을 생활 속에서 실천하기 위해 유일한 생계 수단이었던 아내의 옷 가게를 정리하도록 권한 남편. 아들이 반드시 독립적인 삶을 살아야 한다며 절대 농장을 바로 물려주지 않을 거라고, 10년 동안 뼈가 빠지게 고생해봐야 한다고 목소리를 높이는 아버지. 작물에게 조심스레 말을 건네고 하루에 두 번씩 감사 인사를 올리는 여린 농사꾼. 그런가 하면 매년 꼼꼼하게 농사일지를 정리하고 자세한 계획을 세우며 열심히 기록을 남기는 학구파. 이렇듯 카멜레온처럼 다채롭고 그래서 더 매력적인 홍려석 님의 이야기는 재치 있는 입담과 함께 오후 내내 쉬지 않고 이어졌다.

도시에서 오랫동안 직장생활을 하셨다고 들었어요. 그런데 어떻게 자연농을 시작하게 되셨나요?

좀 긴데…, 길게 얘기해도 괜찮아요?(웃음) 제가 한때 잘 나갔어요. 그런데 어느 날 직장에서 해고를 당했어요. 굉장히 분노했고, 1년 정도 아주 힘든 시간을 보냈습니다. 그때 아는 분이 불경 한 권을 건네주셨죠. 그 책에서 '무상무주無相無住', 집착하지 말고, 머무르지 말고, 흘러가듯 살라는 글을 읽었어요. 하지만 당시 저는 도저히 그걸 받아들일 수 없었습니다. 그래서 책을 안 읽고 접었죠. 그런 말로는 도저히 마음의 위안을 얻을 수 없었거든요.

그렇게 마음을 잡지 못하다가, 집 앞에 작은 공터가 있어서 조그만 텃밭을 가꾸기 시작했지요. 자연스레 농사에 관한 책을 읽기 시작했고, 그러면서 최성현 씨가 쓴 자연농에 관한 글을 보았어요. 그중에 '풀과 벌레가 공생하는 농사'라는 대목이 있었어요. 그때 '공생'이라는 말이 특히 가슴에 와 닿았어요. 어쩌면 내가 이전에 받아들이지 못했던 '무상무주'라는 개념이 바로 공생이 아닐까 생각했습니다.

이후 자연농에 관한 책을 열심히 찾아 읽었죠. 그리고 그 농사를 지으면서 공생하는 삶을 실현하고 싶었습니다. 그동안 공생의 개념을 잘 지키지 못한 채 쭉 경쟁 속에서 살아왔고, 그 결과 해고를 당했겠지요. 그러니 농사에서라도 이런 공생을 실천해보고 싶었어요. 그렇게 시작했습니다. 그때는 구체적인 계획도 없이, 제 마음이 무척 위태로웠어요. 책에서 이야기하는 내용을 실현해야만 내가 살 것 같은 절박함이 있었어요. 그때 무작정 여기로 농사를 지으러 왔습니다. 2004년 가을이었고, 혼자 들어왔죠. 세 달 동안 4,000평 밭을 일구겠다고 삽질만 했지요.

4,000평이면 아주 큰 규모인데요, 그렇게 크게 시작하신 이유

가 있었나요?

저는 딱 자기 먹을 만큼만 짓는 건 농사가 아니라고 생각했어요. 직업으로 농사를 짓는다면 남에게도 먹을 것을 제공할 수 있어야 한다고 생각한 거죠. 그러려면 최소 3,000~4,000평은 되어야 한다고 봤고요. 그리고 자연농을 하기로 결심하면서 이 농사는 시간이 갈수록 땅이 좋아지기 때문에, 처음부터 내가 할 수 있는 한 가장 넓은 평수만큼 하는 게 좋겠다고 생각했지요. 만약 처음 1,000평에서 하다가 나중에 2,000평으로 늘리면, 그 새로 늘어난 1,000평을 기다리는 시간이 또 필요하잖아요. 농사일은 점점 더 익숙해질 테니 작업량은 점점 줄어들 거라고 봤습니다. 체력이 될 때 일단 시작하자는 생각으로 좀 크게 시작했지요.

얼굴이 있는 거래

그런 까닭이 있었군요. 지금은 주로 어떤 작물을 키우세요? 그리고 수확물은 어떻게 판매하시나요?

토마토, 감자, 오이, 호박, 고추, 가지, 피망 등등 다양하게 키웁니다. 지금까지 한 70여 종 정도 경작해왔습니다. 벼농사는 작년부터, 사과농사는 3년 전부터 시작했어요. 판매는 주변 아는 사람들을 위주로 합니다. 농사를 처음 시작할 때도 누구에게 어떻게 팔겠다는 구체적인 계획은 없었지요. 사실 팔기보다는 나눠주겠다는 생각으로 시작했는데, 지금은 판매하고 있네요. 채소는 종류별로 많게는 400포기, 적게는 100포기를 심어요. 대략 40명 정도가 구입하실 수 있는 규모입니다.

사실 경제적인 관점에서 봤을 때 원가가 얼마인지, 적당한 판매 가격이 얼마인지는 잘 모르겠어요. 이 농사에는 오직 제 노동력만 들지 일체의 자재가 들지 않기 때문에 외부 비용은 없는 셈이죠. 지금 판매하는 가격은 유기농산물의 1.5배 정도인데요, 앞으로 생산이 더 안정되면 가격도 제 마음대로 정할 거예요. 제 일손이 많이 들어간 작물은 더 비싸게 받고, 일손이 적게 들어간 건 싸게 받고, 외부의 가격과는 전혀 다른 개념으로 가격 체계를 만들고 싶어요.

판매할 때 또 하나 중요한 원칙은, 제 밭에 와보지 않은 분들에게는 팔지 않으려 합니다. 그래야 제가 하는 농사가 다른 농사와 다르다는 걸 알 수 있으니까요. 그래서 간혹 인터넷으로 주문하려는 분들에게는 저희 밭에 와서 직접 보라고, 와보지 않으면 팔지 않겠다고 합니다. 지금 채소를 구입하는 40명 정도의 사람들은 제 친구가 절반 정도고, 나머지는 여러 경로로 알게 된 분들인데, 다들 1년에 한두 번 정도는 저희 밭에 직접 와보곤 합니다.

'밭에 와본 사람들에게만 판매한다'는 건 쉽지 않은 결정이었을 것 같은데요. 얼굴을 아는 40명 손님들과는 사이가 무척 돈독하겠어요. 먹을거리로 이어지는 하나의 공동체라고 볼 수도 있겠습니다.

그렇죠. 제가 수확한 작물을 드시는 분들도 이 채소가 어떻게 자랐는지 제대로 알아야 한다고 생각합니다. 나중에는 더 가깝고 친밀한 공동체를 만들고 싶고요. 가능하다면 다른 가족들도 여기로 와서 함께 모여 산다면 참 좋겠어요. 저는 계속 농사를 짓고, 다른 가족은 산양이나 닭이나 벌 같은 걸 기른다거나, 약초나 산나물을 채취하거나 하면서 같이 이 공동체를 이어가는 거죠. 저도 늙을 거니까, 늙을 때 심심하지 않게 같이 늙어갈 수 있다면 좋겠어요.

아름다운 계획이네요. 열심히 농사를 지어도 유통망이 마땅치 않아서 고민하는 농부들이 많다고 들었는데요, 이렇듯 가족 같은 공동체 판매망이 있어서 든든하실 것 같습니다.

그렇긴 하지만, 사실 지금도 경제적으로 어렵긴 마찬가지예요. 처음에 비해 나아지긴 했지만 아직 제가 계획한 목표까지는 3~4년 정도 더 남았다고 봅니다. 지금 제가 짓는 농사의 생산량은 일반적인 농사의 60퍼센트 정도밖에 안 돼요. 아예 작물 재배에 실패하는 경우도 있고요. 그래서 경제적인 면은 힘들죠. 그런데 예전보다는 많이 편안해졌습니다. 일단 예전과 달리 자연을 보는 관점이 달라졌고, 그러면서 자연에서 느끼는 점들이 굉장히 많아요. 그런 것들이 경제적인 어려움을 비롯한 모든 어려움들을 이겨낼 수 있는 즐거움을 줍니다.

'모든 어려움을 이겨낼 수 있는 즐거움'은 어떤 건가요?

예를 들어볼게요. 비가 오고 난 다음에 햇볕이 맑게 쬐고 바람이 세게 불면 풀들이 일렁일렁하거든요. 그러면 정말 천국에 온 것 같아요. 찬란하다는 표현을 쓸 수밖에 없는 그런 풍광이 펼쳐집니다. 예전에는 사람과 자연이 별개라고 생각했는데, 농사를 지으면서부터 자연과 내가 하나가 될 수 있다는 즐거움을 알게 되었어요. 자연과 하나가 되는 즐거움은 굉장해요. 모든 어려움을 이겨낼 수 있죠. 저는 몸이 아프다가도, 밭에 나오면 안 아파요. 땅의 기운이라는 말이 정말이에요. 자연과의 교감이라는 거죠. 저는 풀과 작물에게서 위안을 받아요.

그래서 저는 이런 농사를 짓고자 하는 사람들에게 꼭 당부하고 싶어요. 농사법을 공부하기보다는 자연을 공부해야 합니다. 자연을 바라보는 인식을 바꾸고 시작하기를 바랍니다. 흔히 사람들은 자연을 자기 나름대로 해석하려고 해요. 그런 태도는 자연을 진정으로 이해하는 게 아니지요. 내 선입견을 버리고 자연을 받아들여야 진정 자연을 느낄 수 있다고 봅니다. 자연의 모습을 관찰하고 그 모습을 따르려는 노력을 해야 합니다.

언뜻 이해가 가면서도 어렵네요. 어떻게 해야 자연을 받아들이고 진정으로 느낄 수 있을까요?

사람들은 '내가 정성껏 퇴비를 만들었으니까, 이걸 밭에 주면 좋겠지'라고 여기면서 퇴비를 만들어 밭에 뿌리죠. 하지만 제 생각엔 그렇지 않아요. 자연이 만들어놓은 세상이 있고, 거기에 내가 들어가야 해요. 내가 만든 세상에 자연을 끌어들이는 게 아니고요. 그건 너무 인간 중심적인 사고방식이죠.

사실 예전에는 저도 그랬어요. 자연에 순응하는 편이 아니었죠. 도시에 살 때는 자연을 내가 함부로 할 수 있다고 생각했어요. 지금은 아닙니다. 자연을 지배하는 쾌감을 느끼는 게 아니라, 자연 안에 있으면 얼마나 안락하고 풍요로운지를 사람들이 알았으면 좋겠어요.

인간 중심적인 사고를 벗어나 자연 속에서, 가능한 한 자연의 입장에서 보고 행동하며 따르는 게 자연농의 핵심이라고 볼 수 있겠군요.

네. 여기 또 다른 사례가 있네요. 이 밭인데요, 20년 전까지는 쭉 농약도 치고 비료도 주며 관행농을 했던 곳이었어요. 그런 다음 15년 넘게 빈 땅으로 방치되어 있었죠. 가와구치 요시카즈 씨 책을 보면 오랫동안 관행농을 해온 땅이라도 10년 정도 지나면 다시 자연 상태로 돌아간다는 내용이 나와요. 이 땅은 10년 넘게 방치되어 있었고, 흙 상태도 좋았어요. 분명 농사가 잘 될 거라고 믿었는데 막상 해보니 풀까지 다 죽어버리는 거예요. 풀이 안 자라는데, 채소를 심어도 될 리가 없죠.

그렇게 3년 정도가 지나니까 다시 풀이 나기 시작하면서 그때부터 그럭저럭 농사가 되기 시작했어요. 제가 보기엔 이게 아주 중요한 단서예요. 단지 흙이 좋다고, 자연스런 상태라고 쉽게 자연농이 되는 게 아니라는 거죠. 저와 밭 사이에 교류가 되지 않았기 때문에, 가까이 이어지지 않았기 때문에 농사가 안 됐다고 봐요.

농사라는 건 이런 게 아닐까요. 채취로 먹고 살던 인류가 어느 순간 정착하면서 경작을 시작했지요. 거기에는 자연과 사람 사이에 어떤 타협이 있었을 것 같아요. 아니면 자연이 허락한 부분이 있을 것 같아요. '농사를 지어라, 내가 너에게 주마.' 이런 식으로요. 제 생각엔 자연은 기본적으로 사람에게 먹을 것을 주도록 되어 있어요. 그런데 사람이 어떻게 접근하느냐에 따라 달라지죠.

다시 말하자면, 자연과 충분히 교감하기 위해 최소 5년 정도의 시간이 필요한 겁니다. 그런 다음 자연이 우리에게 먹을 걸 베풀어

주지요. 우리에겐 길게 느껴질지 몰라도 자연이 보기에는 그렇지 않죠. 흙 상태 같은 조건이 중요한 게 아니라, 내가 이 땅과 얼마나 교감하는지가 가장 중요하다고 봅니다. 그게 자연농이 가능한 이유라고 생각합니다. 그러니 누구를 시켜 대신 경작한다거나, 일단 방치해뒀다가 나중에 시작한다거나 하는 방식은 안 됩니다. 직접 자연과 충분히 교감해야 합니다. 구체적으로 어떤 방식으로 농사를 짓느냐는 중요하지 않아요. 그런 방법은 중요한 게 아니에요. 풀을 많이 벨 수도 있고, 적게 벨 수도 있고, 작물을 해롭게 할 수도 있고, 이롭게 할 수도 있어요. 그게 중요한 게 아니고, 자연과 어떻게 교감하느냐가 가장 중요합니다.

식물과의 대화

충분한 교감을 위해서는 최소 5년 정도가 필요하다는 말씀이시지요. 지금은 다큐를 만들고 있지만 저도 언젠가 꼭 자연농을 시작하고 싶은데, 마음에 새기고 있겠습니다. 그 5년 동안의 기다림이 힘들진 않으셨나요?

힘들었죠. 특히 4년째가 제일 힘들었어요. 처음 시작할 때부터 초기에는 잘 안 될 거라고 예상했기 때문에 1~2년은 그러려니 하고 넘어갔지요. 그런데, 작물이 전혀 안 자라요. 처음 심어놓은 게 그대로 있어요. '이게 무슨 농사냐. 하나도 거두지도 못하고 똑같은 일만 4년째 하고 있는데, 가을까지 자라지도 않는 작물을 지켜보면서 옆에 나는 풀만 잘라주는 게, 이게 무슨 농사냐' 하고 굉장히 절망했어요. 제가 도사처럼 차분히 진리를 탐구하는 사람이 아니고, 굉장히 공격적인 면도 많고 그런 사람이에요. 3~4년을 무작정 기다리는데 그걸 견디기가 힘들었어요. 아주 못 견디게 힘들어서 몸부림까지 칠 정도였죠. 그런데 그때 땅이 나한테 '조금만 더 기다리라' 하더라고요. 그 소리가 들렸어요. '네가 힘든 줄 안다. 조금만 더 기다려라.' 그러고 나서 5년째부터 여기서 작물이 자라기 시작했어요. 기대도 안했는데, 어느 날 보니까 토마토가 자라고 있더라고요. 처음엔 뭐가 잘못된 게 아닌가? 싶을 정도였어요. 그게 5년째였고, 그 후로 작물이 조금씩 더 잘 되기 시작했죠.

6년차, 7년차 되면서 조금씩 생산량이 늘었죠. 작년에는 일반 관행농에 비해 한 60퍼센트 정도 되는 수확이었는데, 앞으로 좀 더 좋아지리라 기대하고 있어요. 그렇지만 늘 걱정이 돼요. 올해는 어떨까 하고요. 경제적으로도 쪼들리고, 주변에서도 저를 미친놈으로 손가락질하고, 그런 어려움들이 많고 많지만 그런 것들을 모두 날려버릴 수 있는 즐거움은 역시 자연과의 교감이에요.

'자연과의 교감'이 얼마나 큰 즐거움인지 저도 주말텃밭에서 체험했어요. 밭에 가면 늘 맨발로 땅을 밟고, 흙이 잔뜩 묻은 손으로 풀과 채소를 만지며 행복해했지요. 그러다가 도시로 돌아오면 또다시 자연과 싹둑 단절되는 느낌이라 참 마음이 싸해지곤 했습니다.

가끔씩 아내가 와서 돕긴 하지만 저는 주로 혼자서 농사를 짓는데요, 그래서 2월부터 12월까지, 매일 아침 7시부터 저녁 7시까지 논밭에서 살아요. 그러면서 느끼는 건, 제가 작물이나 풀과 대화할 수 있다는 거예요. 정말이지 사람이 자연과 다른 존재가 아니라, 자연의 일부라는 생각이 들어요.

처음 작물과 풀에게 말을 걸었던 건 '무서워서'였어요. 두려웠어요. 풀을 대하는 것도, 흙을 파헤치는 것도, 안 해본 일이라 두려웠어요. 그래서 말을 걸기 시작했죠. 풀을 베기 전에 '내가 아프지 않게 빨리 잘라줄게. 그래도 뽑지는 않아'라고 말을 걸면서 잘랐어요. 그렇게 말을 건네면서 2~3년이 지나니까, 처음엔 그냥 말뿐이었는데 나중엔 마음이 담긴 말을 건네게 되더라고요. 모종을 기를 때도 마찬가지예요. 제가 관심을 기울인 애들은 잘 자라고, 덜 중요하게 생각한 애들은 잘 안 자라요. 그런 모종들도 시간을 내서 하나씩 만져주면 다시 잘 자라죠. 만약 작물에 병이 나면, '내가 약을 줄 순 없단다. 스스로 이겨내길 바란다'라고 하죠. 그러면 이겨내요.

또 어떤 경우엔, 내가 무슨 작업을 하려고 하는데 식물이 거부하는 경우가 있어요. 그게 느껴져요. 아주 강하게 거부하지요. 그러면 저는 그 작업을 그만둡니다. 자연이 저한테 뭘 해달라고 요구한 적은 없지만, 하지 말라고 이야기한 적은 있어요. 내가 어떤 알맞지 않은 행동을 하면 식물이 거부한다는 게 마음으로 느껴져요. 만질 때 어떤 느낌이 있죠. 저를 뿌리치곤 해요. 어떤 때는 풀이랑 합세해서, 제 발을 걸어 넘어뜨리기도 하지요.

처음엔 이런 느낌을 무시했어요. 그런데 1년에 두세 번 정도씩 그런 느낌을 강하게 받는단 말이죠. 그러면서 '아, 이 친구들이 거부하는구나' 하는 생각이 들었어요. 나중에 보면 그 작업을 하지 않은 결과가 더 낫다는 걸 깨달아요. 그런 경험을 통해 볼 때 분명히 식물은 나한테 말을 걸고 있어요. 내가 못 알아들을 뿐이지. 우리는 서로 소통할 수 있거든요. 풀과 채소가 제게 뭐라고 하는지 듣고 해석하면서 더 연구해보고 싶어요. 지금은 부정적이거나 긍정적이거나 하는 단순한 느낌이지만 나중에는 식물과 좀 더 복잡한 이야기를 나눌 수 있으면 좋겠어요.

저도 앞으로 주말텃밭에 갈 때마다 귀를 쫑긋 세우고서 가야겠어요. 말씀하신 것처럼 작물과 사이좋게 이야기를 주고받을 수 있다면 농사일이 더더욱 즐거워질 것 같네요.

정말 그래요. 그런 소통뿐만 아니라 자연농 안에서는 무슨 일을 해도 다 새롭고 달라요. 백 번의 같은 작업이라도 그 백 번의 느낌이 다 달라요. 그래서 지루하지 않게 일할 수 있죠. 콩 심는 작업으로 예를 들어볼까요. 호미질을 한 번 해서 흙이 파지는 느낌, 흙 속에서 만져지는 풀뿌리의 느낌이 다 달라요. 그리고 콩 세 알을 쥐었을 때, 네 알을 쥐었을 때, 이런 세세한 것들이 다 다르죠. 수백 번 호미를 찍으며 일을 해도 그 느낌이 모두 다른 거예요. 그러니까 일이 지겹지가 않습니다. 하나하나가 다 살아 있어요. 사람들은 저를 보면서 매일 풀밭에 앉아 뭘 하냐고 물어보는데, 그게 반복이 아니에요. 만약 저한테 우표 붙이는 일을 온종일 시키면, 여기 붙일 우표를 막 다른 데 붙이고 그럴 거예요. 하지만 이 일은 달라요. 지금까지 이야기한 모든 어려움 같은 걸 이겨낼 수 있을 만큼 즐거운 일이에요. 그래서 밭에 나오면 시간 가는 줄 몰라요. 신기한 일이죠.

이 이야기를 덧붙이고 싶네요. 저는 일할 때 항상 밭에 인사를 해요. 저 때문에 잘려나간 풀에게도 미안해하고, 혹시 내가 뭘 잘못했더라도 이해해주고 작물이 잘 자랄 수 있게 도와달라고 이야기해요. 그렇게 항상 두 번씩 인사를 해요. 처음에는 형식적이었지만 지금은 마음이 담겨 있죠. 사실 제가 예전에는 이렇게 살지 않았어요. 정말 바쁜 도시 사람이었죠. 출생지가 서울 중구 신당동인데요, 쭉 자연이라는 걸 별로 접해보지 않고 자랐습니다. 운동을 잘했거든

SPECIAL MEMO	SUNDAY · 日	MONDAY · 月	TUESDAY · 火
			1
	6	7	8
	13	14	15
	20	21	22
	27	28	29

WEDNESDAY · 水	THURSDAY · 木	FRIDAY · 金	SATURDAY · 土
2	3	4	5
9	10	11	12
16	17	18	19
23	24	25	26
30	31		

4 APRIL

日	月	火	水	木	金	土
1	2	3	4	5	6	7
8	9	10	11	12	13	14
15	16	17	18	19	20	21
22	23	24	25	26	27	28
29	30					

6 JUNE

日	月	火	水	木	金	土
					1	2
3	4	5	6	7	8	9
10	11	12	13	14	15	16
17	18	19	20	21	22	23
24	25	26	27	28	29	30

요. 유도 선수였어요. 몬트리올 올림픽에도 출전했죠. 그러다 고등학교 때 운동을 그만두고 멋대로 살았어요. 나중엔 원하는 직업을 얻어서 즐겁게 일했죠. 해고되기 전까지요. 그때까지는 정말 이런 세상이 있는 줄 몰랐습니다. 자연농을 시작하고 나서 성격도 많이 좋아졌다고 주변에서 이야기해요. 어머니도 좋아하시고요. 저는 지금 굉장히 행복하게 살고 있다고 생각해요. 해고 때문에 뜻하지 않게 농사를 짓게 되었지만, 충분히 사회생활을 한 다음 지금은 이렇게 자연과 함께하니 아주 풍요로운 인생이지요.

소통하는 가족

스스로 만족하는 삶, 진정 풍요롭고 행복한 삶이네요. 혹시 자녀들에게도 농사를 권하시나요?

네. 두 아들에게도 농사를 권하죠. 하지만 그냥 넘겨줄 생각은 없어요. 지금 각각 고2, 중2인데요, 학교를 다 졸업하고 최소한 10년 이상 사회생활을 한 다음, 그때 농사를 지을 생각이 있으면 들어와서, 내가 다 준비해놓은 땅 말고 다른 데 가서 시작하라고 말했습니다. 그 과정이 필요하니까요. 쉬운 곳에서 바로 시작하면 안 되고, 최소한 10년 정도는 몸부림칠 만큼 힘든 시간이 필요하다고 생각해요. 그 고

통스러운 시간을 지나야 비로소 진정으로 깨닫고 자신만의 행복을 얻을 수 있으니까요.

무엇이든 거저 얻을 수 없다는 뜻이지요? 잘 알겠습니다. 자녀분들은 그렇고, 아내분은 어떠신가요? 처음 이 농사를 짓겠다고 했을 때 반대하진 않으셨나요?

참 고맙게도, 반대하지 않고 오히려 적극적으로 도와주었어요. 한동안 돈을 못 벌 테니까 대신 생계를 책임져 달라고 부탁했지요. 그래서 처음엔 아내가 옷 가게를 운영했는데요, 얼마 지나지 않아 가게를 그만두면 어떻겠느냐고 했어요. 제가 사는 방식과 맞지 않는다고 생각했거든요. "나는 밭에서 하나하나 아끼고 어떻게든 절약하려 하는데, 당신은 가게에서 사람들한테 소비를 촉진하고 마구 과장해가면서 옷을 판매하고…, 이렇게는 안 되겠어요. 한 집안에 두 가지의 가치관이 존재한다는 게 말이 안 된다고 봅니다. 어렵더라도 옷 가게를 그만두고 시골에서 할 수 있는 다른 일을 찾아보면 어때요?"라고 제안했죠. 그래서 가게를 닫고 2~3년을 준비해 지금은 어르신들께 건강체조를 가르쳐요. 체조랑 같이 춤과 놀이를 가르치고, 시골 경로당을 돌아다니면서 봉사도 하고 약간의 보수도 받고 있죠.

제 생각에 자연농은 자본주의의 흐름에서 벗어날 수 있는 계기가 될 것 같아요. 예전엔 저도 그런 기존의 흐름에 뒤처지지 않으려고 노력했지만, 그런 데 휩쓸려가는 건 중요하지 않다는 걸 이젠 잘 알죠. 다른 가치들도 많으니까요. 저는 그런 가치들을 찾고 싶어요. 아까 말한 작은 커뮤니티를 만들고 싶은 것도 그런 맥락이에요.

다른 가치를 찾는다, 자연농에 관심을 두고 있는 분들이라면 누구나 공감할 것 같습니다. 저 역시 자연농에 대해 알아보기 시작하면서 경쟁과 싸움이 아닌 공생, 조화의 원리에 감동을 받았거든요.

돈이라는 건 결국 수단에 지나지 않아요. 지금 이 주류 사회 속의 가치는, 물론 편리한 점도 있겠지만 제가 보기엔 영 그래요. 저는 쭉 경쟁사회에서 살아왔어요. 특히 제가 있던 문화예술계에서는 자신을 드러내고 남들보다 더 돋보여야 했어요. 그 안에서 언제나 저는 승자였어요. 그래서 패자의 설움 같은 건 몰랐죠. '자기 노력하기 나름 아니겠어? 자기 능력 탓 아니겠어?' 하는 오만한 생각이 있었어요. 그러다 된통 깨지고 나서 한동안 분노에 휩싸여 있다가, 그게 가라앉고 나서는 오히려 인생의 다른 면을 볼 수 있게 되었어요. 그 점에 감사하죠. 점점 더 나이가 들수록 우리가 진정한 가치에 몰입해야 하지 않을까 그런 생각을 해요.

어쨌든 저는 사회생활도 제멋대로 즐기면서 잘 산 것 같고, 시골에 와서도 제가 원하는 걸 잘 찾아서 하고 있어서 참 행복하죠. 특히 제 아내 같은 경우에는 말도 안 되는 어려운 상황 속에서도 꿋꿋하게 함께해주었어요. 그래서 더 포기할 수 없었기도 해요. 중간에 포기하면 창피하잖아요. 부끄러운 일 안 하려고 기를 쓰고 고집도 부려보고 했죠. 아까 말한 4년째 되던 해엔 너무 힘들어서 정말 그만두려고도 했거든요. 그때 땅한테 '조금 더 기다리라'는 이야기를 들으면서 진짜 교감이 시작된 것 같아요. 그러면서 참 많은 깨달음이 있었죠. 그건 무엇과도 견줄 수 없는 거예요.

그전에는 누가 저한테 미친놈이라고 하면 화가 났어요. '어떻게든 내가 성공해서 저놈에게 본때를 보여주리라.' 그런 생각을 했는데, 이제는 그런 생각 안 해요. 그냥 이 자체가 감사하니까. 여기 이 순간 자체에 만족하죠. '더 이상 행복할 게 어디 있나' 하는 생각도 들어요. 주변 사람들과 친구들이 다 도와주고 가족들도 이해해주고, 그러니까 참 행복하죠.

진심을 담아 풍성하게 꺼내놓으신 이야기 덕분에, 자연농에 대해 여전히 낯설던 우리에게도 알찬 배움의 시간이 되었다. 더 이상 행복할 수 없다며 환히 웃는 홍려석 님의 얼굴에는 깊은 만족감이 어려 있었다. 도시의 치열한 경쟁 세계에서 벗어나, 자연에 깃들어 행복하게 살아가는 삶에서 우러나오는 참된 만족이 오롯하게 전해졌다. 그리고 언젠가 읽었던 버트런드 러셀의 글이 떠올랐다.

행복한 생활의 기회를 가지게 된 사람들은 보다 친절해지고, 서로 덜
괴롭힐 것이고, 의심의 눈빛으로 남을 바라보는 일도 줄어들 것이다.
선한 본성은 세상이 가장 필요로 하는 것이며 이는 경쟁에서 나오는
게 아니라 편안함과 안전에서 나오는 것이다.
『게으름에 대한 찬양』 (버트런드 러셀 지음, 송은경 옮김, 사회평론) 중에서

2012년 봄 첫 만남 뒤로도 홍려석 님과 맺어진 인연은 쭉 이어
지고 있다. 매번 연락을 드릴 때마다 진행 상황은 어떤지, 혹시 도움
을 줄 일은 없는지, 살뜰하게 우리를 돌보아주신다. 취재를 얼추 마
무리하고 편집 단계에 접어들던 2013년 3월에는 다큐멘터리 프로
젝트의 시작을 널리 알리는 '자연농에 대해 이야기하는 시간'을 마
련했다. 초대 손님으로 홍려석 님을 모시고 자연농에 관한 이야기를
두루 나눴다. 행사장을 가득 메운 사람들은 수많은 질문을 던졌고,
오랜 경험에서 우러나온 재치 있는 답변 덕분에 알찬 시간으로 마
무리할 수 있었다.

이후 2014년 가을에 열린 임시 상영회에도 오셔서 오랫동안 작
업하느라 고생 많았다며 손을 꼭 잡아주셨는데, 그 따스한 손길에
마음이 확 데워지던 기억이 아직까지 생생하다. 얼마 전 보낸 메일에

는 '가끔씩 전해오는 소식이 저를 즐겁게 합니다'라고 시작하는 답장을 받았다. 정다운 그 문장을 읽으면서 첫 인터뷰를 준비하던 때 겉모습만 보고 내심 겁을 먹었던 기억이 떠올라 머쓱해졌다. 인터뷰 내내 힘주어 강조하신 것처럼 교감을 나누며 서로를 알아가는 데엔 시간이 걸린다. 그리고 그렇게 교감을 통해 깊이 이어진 인연은 쌓인 시간의 온기를 머금을 수밖에, 한껏 소중할 수밖에 없다.

°홍려석

고교 시절 국가대표 유도선수로 활약했고 이후 대기업에 근무하면서 윤택한 도시
생활을 누렸다. 갑작스런 해고 후 방황하던 중 자연농을 처음 만났고, '공생하는 삶'
을 꿈꾸며 경기도 연천에서 '해땅물 자연 재배 농장(cafe.daum.net/sameasme)'을
시작했다. 70종이 넘는 다양한 채소와 과일, 곡식을 재배하고 있다.

8

먼저 나 자신을 바꿔야 세상도 변합니다

가와구치 요시카즈

작은 풍경, 커다란 의미

2016년 5월 1일, 가와구치 요시카즈 님의 논밭에서 진행하는 견학모임에 갔다. 모임 장소인 마키무쿠 역은 건물도 없이 승강장만 조촐하게 마련된 아주 작은 시골역이었는데, 역 앞은 꼭 동네 장날처럼 복작거렸다. 우리 일행처럼 이 견학모임에 찾아온 사람들이 30명 가까이 모여 있었다. 곧 큼직한 밀짚모자에 은은한 푸른빛 두루마기 차림을 한 가와구치 님이 파란색 자전거를 타고 오셨다. 모인 사람들을 쭉 둘러보며 따뜻한 눈인사를 건네는 표정이 참 자상했다. 공지해주신 대로 마을 외곽에 있는 가와구치 님의 논밭을 향해 천천히 마을길을 걸었다. 날씨는 꼭 여름날처럼 화창했고, 살랑살랑 부드러운 바람이 불어왔다. 차분한 주택가를 벗어나 졸졸 흐르는 물길을 따라 5분 남짓 걸으니 탁 트인 논밭이 나타났다.

가와구치 님은 논 가운데 서서 이곳저곳을 가리키며 천천히 설명을 시작했고, 논둑에 둘러선 사람들은 고개를 끄덕이면서 메모를 하거나 사진을 담았다. 일본어를 알아들을 수 없던 나는 논둑 끝에서 설명을 듣다가 살며시 옆으로 빠져나왔다. 그 순간 그 장면을 지켜보면서 마음속에 일렁이던 감동을 적어두고 싶었다. 온 삶을 통해 자연농을 널리 알려왔고, 여든을 바라보는 지금까지 변함없이 그 노력을 쭉 이어가고 계신 큰 스승님과, 그 말씀에 열심히 귀를 기울이면서 가르침을 따르려는 사람들. 눈앞에 펼쳐져, 있는 이 작은 풍경이 참 커다란 의미를 담고 있다는 생각이 들어 마음이 풍선처럼 부풀어 올랐다.

햇볕은 쭉 따사로웠고 아침 일찍 출발한 탓에 몸은 나른했다. 쪼그려 앉은 내 옆으로 보이는 풀밭에 한번 누워보고 싶었다. 작물이 자라는 곳은 아닌지, 씨앗이 뿌려진 곳은 아닌지 조심스레 들여다봤지만 분명 비어 있는 땅 같았다. 가와구치 님의 다른 논밭들이 다 그렇듯, 땅을 갈지 않고 오랫동안 그대로 둔 땅은 온갖 풀과 꽃으로 풍성했다. 그 위에 살며시 몸을 눕히니 마치 땅에 폭 안기는 것 같은 기분이 들었다. 키 작은 풀들과 꽃들이 내 눈 바로 옆에서 어른거렸다. 드문드문 벌레들이 낯선 침입자를 점검하듯이 날아왔다가 다시 돌아가곤 했다. 고개를 바로 젖히니 두 눈 가득 파란 하늘이 들어왔다.

대학 시절 떠났던 국토순례 여행 때 처음으로, 땅바닥에 뒤통수를 대고서 올려다보는 하늘이 그토록 넓다는 걸, 그냥 서서 올려다볼 때와는 하늘과 땅만큼 다르다는 걸 알았다. 순례 마지막 날엔 '앞으로 다시는 이렇게 땅바닥에 드러누워 하늘을 올려다볼 일이 없겠지' 하며 아쉬워하기도 했다. 도시의 바쁜 직장인으로 지냈던 몇 년 동안 그 넓은 하늘을 까맣게 잊고 지냈지만, 이후 그 틀을 벗어나 '평범하지 않은' 길을 걸으며 다행히도 다시 땅바닥에 드러누워 하늘을 올려다보는 순간들이 많았다. 그럴 때마다 다시 이 넓은 하늘을 볼 수 있다는 게 그저 기뻤다.

폭신하고 아늑한 풀밭에 누워서 지나온 날들과 이런저런 생각들을 뭉게뭉게 떠올리다보니 나도 모르게 스르르 잠이 들었다. 낮잠은 아주 짧았지만 눈을 떠보니 온몸과 온 마음이 가뿐했다. 마치 자연이 나를 폭 감싸 안고서 어루만져준 것 같았다. '지구는 신들의 화원, 우주의 낙원'이라는 가와구치 님의 책 속 표현이 절로 떠올랐다. 풀과 꽃, 벌레와 인간, 햇살과 바람이 조화를 이루며 함께 사이좋게 살아가는 곳, 그 풀밭에서 누렸던 짧지만 깊었던 휴식은 한참 시간이 흐른 지금까지도 생생한 감각으로 몸에 남아 있다. 그리고 그 기억을 떠올릴 때마다 그토록 완전한 평화와 조화로움을 내 삶 속에서 꾸준히 펼쳐가고 싶다는 단단한 결심을 다지게 된다.

아래 이어지는 인터뷰는 2012년 봄의 첫 인터뷰 기록을 시작으

로 2015년 여름 방문과 2016년 봄 견학모임에서 나누었던 이야기들
을 모두 모으고 다듬어 하나로 정리한 것이다.

내리막길에서의 깨달음

**자연농을 시작하기 전에는 관행농으로 쭉 농사를 지어오셨다
고 들었습니다. 어떻게 농사를 지어오셨고, 또 어떻게 해서 자
연농으로 바꾸게 되셨나요?**

저는 대대로 농사를 지어온 집안에서 태어났습니다. 제가 초등
학생 때 아버지가 돌아가셨는데, 장남이었던 제가 할머니와 어머니
와 형제들을 위해 생계에 집중해야 했지요. 그래서 중학교 졸업 후
고등학교에 진학하지 않고 본격적으로 농사일을 시작했습니다. 그때
까지만 해도 이 동네엔 석유로 움직이는 기계가 없었습니다. 매일 괭
이, 가래, 낫, 삽 같은 도구를 쓰며 손으로 농사를 지었습니다. 벼를
말릴 때도 태양과 바람의 은혜로, 짐을 운반할 때도 어깨에 메거나
소달구지를 써서, 그렇게 되도록이면 자연의 힘을 빌려가며 생활했
어요. 하지만 그 시절의 농사는 계속해서 땅을 갈고, 풀과 벌레를 적
으로 삼고, 닭과 돼지의 배설물을 비료로 쓰고, 인분으로 퇴비를 만
들어 쓰는 농사였지요.

그러다 얼마 지나지 않아 화학비료, 농약, 제초제 그리고 석유로 작동하는 기계들이 나타났어요. 차츰 사람들은 화학농법과 기계농법으로 농사를 짓기 시작했습니다. 그런 농법의 의미나 잘못된 점, 해로운 점에 대해서는 생각하지 않고, 단지 편하다는 이유로 쉽게 받아들였습니다. 먹을거리의 안전성이나 환경문제 역시 생각해보지 않았죠. 그런 문제가 농사와 관련이 있다는 자각 없이, 그저 얼마를 벌어들일 수 있는지를 가장 중요하게 여겼습니다. 저 역시 마찬가지로 23년 동안 쭉 그 방식을 이어갔죠.

그러다 30대 중반 무렵, 서서히 심신의 한계를 느꼈습니다. 미래를 걱정하면서 우울해하기도 했습니다. 갈 곳이 아무 데도 없는 것처럼 막막하게 느껴졌지요. 몸과 마음이 모두 내리막길을 걷고 있었던 것입니다. 기존의 농사방법에 대해, 나아가 삶의 방식에 대해 의문을 품었지요. 그 무렵 아사히신문에 소설가 아리요시 사와코 씨가 〈복합오염〉1970년대에 출간된 르포 소설. 화학 물질의 위험과 환경오염의 심각성을 널리 알렸다. 국내에도 1980년대 번역 출간되었으나 지금은 절판되어 일부 도서관에서만 볼 수 있다이라는 소설을 연재하기 시작했는데, 그 글을 읽으며 그동안 제가 얼마나 끔찍한 일을 해왔는지, 어떤 실수를 저질러왔는지 알았습니다. 농사와 생활 방식 모두를 바꿔야 한다는 걸 절감했지요. 문제를 안 다음 더 이상 잘못을 저지르고 싶지 않았습니다. 그래서 기존의 방식을 포기하고 지금의 자연농으로 바꿔나갔습니다.

오랫동안 관행농의 방식을 이어오다가 자연농으로 바꾸는 과정에서 여러 시행착오를 겪으셨다고 들었습니다.

그렇죠. 그때까지 별 생각 없이 이어왔던 농사가 자원을 낭비하고 사람의 생명을 해치며 심각한 환경문제를 일으킨다는 걸 처음 알았습니다. 그렇게 시야가 넓어지면서 자연농에 대해 차츰 알아가기 시작했지요.

처음 '자연농'이라는 개념을 창안한 후쿠오카 마사노부 씨를 비롯해, 후지이 히라시육종연구가, 농약과 화학비료를 쓰지 않는 '천연농법'을 주장했다 씨, 오카다 모키치세계구세교 교주, 후쿠오카 마사노부와 비슷한 시기에 자연농을 시작했다 씨의 책을 접하면서 '아, 이런 세계가 있구나' 하고 놀라워했습니다. 이분들의 책과 이야기들이 제가 자연농에 발을 딛는 계기가 되었습니다. 그런데 이분들은 원래 농민이 아니라 지도자, 학자, 종교인이었어요. 그분들의 이야기가 옳다는 건 알았지만, 실제 농사에 적용시키기엔 어려움이 많았습니다. 그래서 제 나름의 방식대로 바꿔가면서 자연농을 시작했고 계속해서 시행착오가 이어졌죠.

예를 들어 땅을 갈지 않으면서부터 1년째, 3년째, 6년째, 9년째, 10년째, 해를 거듭할수록 흙의 상태가 급격히 바뀌었습니다. 그 변화에 맞춰 일하는 방식도 매번 바꿔나가야 했습니다. 그러면서 깨달은 바가 있습니다. 우리 인간이 원하는 어떤 모양이나 형태를 먼저 정하고, 거기에 맞춰 작물을 키우는 건 불가능하다는 겁니다. 다시 말하자면 자연에 맞게, 즉 생명에 맞게 우리가 따라가야 하는 겁니다. 그리고 그저 자연에 맡기는 겁니다. 그게 기본입니다.

그렇다면 말씀하신 것처럼 '자연을 따르는 것, 자연이 알아서 하도록 두는 것'을 자연농이라고 볼 수 있을까요?

네. 자연농의 기본은 땅을 갈지 않고, 풀이나 벌레를 적으로 여기지 않고, 비료를 사용할 필요가 없다는 것입니다. 나머지는 토질과 기후, 작물의 성질에 따라 자연스레 맞추면 됩니다. 다시 말하자면 자연, 그 안의 생명들에 순응하며 따르는 것이지요.

더 자세히 설명해볼까요. 작물이 한창 자랄 땐 풀도 같이 왕성하게 자랍니다. 그럴 때 풀을 뽑지 말고 베어서 깔아줍니다. 작물이 풀에 지지 않도록 도와주는 것이지요. 그리고 땅 위에 다양한 풀들이 함께 있도록 해야 합니다. 풀에 덮인 흙은 햇살이나 바람, 비에 직접 노출되지 않으므로 더욱 안정적인 상태를 유지할 수 있지요. 만약 풀을 싹 다 없애고 작물만 남겨놓는다면 자연스럽지 않은 환경이 만들어지고 많은 문제가 생기게 됩니다. 또한 다른 곳에서 비료를 가져와 넣는다면 땅의 조화가 무너지면서 문제가 생깁니다. 다만 땅의 상태나 작물의 특성에 따라 양분이 꼭 필요한 경우도 있습니다. 그럴 땐 밭에서 나오지만 우리가 먹지 않는 것들, 채소 껍질, 쌀겨, 볏짚, 깻묵 등을 씁니다. 가축을 키운다면 분뇨를 쓸 수 있지만

반드시 분해 과정을 거쳐야 하죠. 분뇨를 모아두면 아랫부분부터 숙성되는데 그쪽부터 쓰면 됩니다. 하지만 너무 많으면 안 되고, 밭에서 나는 걸 먹는 가축들에게 나오는 분뇨 정도로 적은 양이어야만 균형이 잘 이어질 겁니다.

그리고 영양분을 주는 방식 역시 작물마다 다릅니다. 배추나 양배추는 영양분을 받으면 안쪽부터 새잎이 나면서 점점 더 커집니다. 가지나 고추도 꽃을 많이 피우면서 잘 자라죠. 하지만 팥이나 콩은 웃자라서 씨앗을 맺지 못할 수도 있습니다. 그러므로 작물의 성격에 맞춰 다른 방식을 적용해야 합니다.

자연농에선 전혀 거름을 주지 않는다고 알고 있는 분들도 많은데, 때에 따라 영양분을 주기도 하는군요. 물론 외부에서 들여온 게 아니어야 한다는 전제가 있지만요.

네. 어디까지나 작물이 필요로 하는 경우, 최소한의 양이어야 합니다. 현대농업에서는 화학비료, 유기비료, EM, 효소 같은 걸 쓰지요. 하지만 외부에서 만들어진 무언가를 들여온다면, 반드시 그로 인한 문제가 생겨나게 됩니다. 꼭 필요한 경우가 아니라면 아무것도 바깥에서 들이지 않는 게 기본입니다.

풀, 벌레와 함께 짓는 농사

한편으론 많은 농부들이 풀과 벌레로 생기는 문제 때문에 고민하고 있습니다. 이 부분은 어떻게 보시는지요?

풀과 벌레는 적이 아닙니다. 적으로 여겨선 안 되지요. 하지만 풀과 벌레 때문에 작물이 큰 피해를 입어서 아무것도 수확하지 못할 수도 있습니다. 그러므로 특정 시기까지는 풀이 너무 많으면 잘라주고, 벌레가 너무 많으면 제거해야 합니다. 작물들이 건강히 자랄 수 있을 만큼은 돌봐줄 필요가 있습니다.

그러나 작물이 자라는 동안 주변에 풀이 전혀 없다거나 곤충이 아예 없다면, 건강하게 자랄 수 없습니다. 작물이 잘 자라기 위해선 이들이 꼭 필요합니다. 이건 비료를 주지 않아도 된다는 점과 이어지지요. 작물 주변에 풀이 많더라도 대략 반년 안에 그 수명이 다할 것이고 이후 잔해물이 썩으면서 흙을 비옥하게 합니다.

다른 말로 표현하면, 자연농은 풀과 벌레와 함께 짓는 농사라고 할 수 있네요.

네. 풀에 대해 한 가지 더 덧붙이자면, 밭에 어떤 풀이 자라느냐에 너무 신경을 쓰지 않아도 됩니다. 농부는 그 지역의 기후 혹은 목적에 따라 작물을 결정할 수 있지만, 논밭에 자라는 풀이나 찾아오는 벌레까지 정할 순 없어요. 자운영이나 클로버 같은 콩과 식물은 흙을 비옥하게 한다고 알려져 있어서 어떤 농부는 일부러 그런 식물을 작물 옆에 심기도 하죠. 하지만 그렇게 하면, 그 식물로 인해 흙의 질소 농도가 높아지고 균형이 깨지면서 문제가 생길 겁니다. 그 대신 자연 그대로 내버려둔다면 흙에 필요한 양분을 공급할 풀이 스스로 자라게 됩니다. 풀이 나고 죽는 과정에서 생겨난 양분이 흙에 남으면서 절로 흙이 비옥해지죠.

같은 맥락에서 다양한 생명체들도 필요합니다. 만일 논밭에 어떤 생명체도 살지 않는다면 작물 역시 잘 자라지 못할 거예요. 작은 생명체들이 함께 논밭에 살아간다면 풀이 양분을 공급하듯 그 생명체들 역시 큰 순환의 일부가 됩니다. 작물, 풀, 생명체 모두가 서로 먹고 먹히면서 순환을 이루고, 그 과정을 통해 땅이 비옥해지죠. 자연스럽게 생성된 영양분들로 균형이 잘 잡힌 알맞은 상태가 되어서, 작물이 건강히 잘 자랄 겁니다.

그런 자연스러운 순환의 흐름이 형성되기까지는 얼마 정도 시간이 걸릴까요?

제 경우 쌀농사는 3년간 전패했고, 채소농사엔 10년이 걸렸습니다. 풀을 없애지 않고 완전히 내버려둔다면 결국 풀에 져버리고 만다는 것, 그리고 농작물 개개의 성질에 대응하는 법을 몰랐다는 게 실패의 원인이었죠. 그 실패 덕분에 어떤 작물도 특정한 형태, 정해진 틀이 없다는 점을 깨달았습니다. 인간이 그 형태를 정할 수 없습니다. 기후, 날씨, 흙의 상태 등등 자연환경은 늘 변하고 작물 역시 그에 따라 늘 변하지요. 문제는 우리가 이런 작은 변화들에 얼마나 잘 적응할 수 있고 얼마나 잘 이해할 수 있는가 입니다.

저는 비록 긴 실패를 겪었지만, 제 학생들 중에는 첫해부터 잘 키워낸 경우도 있습니다. 처음 농사를 짓기 전 겨우내 쌀겨, 밀기울, 깻묵을 뿌려서 지력을 보충하는 식으로 미리 잘 준비한 덕분에 1년째부터 바로 수확할 수 있었죠. 이렇듯 논밭의 상황을 잘 파악하고 적절하게 손길을 더한다면 그리 오래 걸리지 않고 잘 이어나갈 수 있습니다.

책이나 다른 인터뷰를 보면 늘 땅을 갈지 않는다는 걸 매우 강조하셨는데요, 그 이유에 대해 자세히 알고 싶습니다.

땅을 갈면 그 안에 살고 있는 생명들이 죽게 됩니다. 땅 속 생명들이 죽고 나면 다른 생명이 살 수 없는 땅이 되지요. 이렇게 땅이 불모지로 바뀌면 비료를 줘야 하고 그로 인한 다른 문제가 생겨나는 악순환이 시작됩니다. 그러나 땅을 갈지 않고 그대로 둔다면 그 땅에서 태어나고 죽는 동식물들의 생명으로 인해 자연스레 비옥해집니다. 시간이 필요하죠. 동식물들이 살다 죽고 그 생명의 주기가 반복되고 순환하면서 '주검의 층'이 만들어질 시간이요. 그러면서 흙은 자연스레 풍요로워집니다. 그것이 바로 자연 그대로의 숲과 산에서 일어나고 있는 일입니다. 그저 자연에 맡겨두면 시간이 흐르면서 반드시 비옥해집니다. 심지어 콘크리트 위에서라도 생명이 축적되기만 한다면 식물은 자랍니다.

사람들은 흔히 작물을 잘 키우려면 먼저 땅을 비옥하게 만들어야 한다고 생각하지요. 그런 생각은 자연을 잘 모르는 데서 비롯됩니다. 일부러 땅을 비옥하게 만들 필요는 없습니다. 아니, 그렇게 할 수가 없어요. 만약 땅을 비옥하게 만들려고 손을 댄다면 분명 반대 결과가 나오게 됩니다.

앞서 말씀하신 대로 자연농은 자연의 생명을 따르는 길, 모든 생명체들이 태어나 죽고 썩어가며 그 위에 다시 태어나는 '순환'을 존중하는 길이라고 볼 수 있겠군요.

그렇습니다. 생명의 세계는 모두 하나인 동시에 제각기 떨어져 있습니다. 서로 살려주면서 서로 죽이기도 합니다. 그러면서 모두 하나가 되어 조화를 이루며 생명을 이어갑니다. 어느 한 부분이 빠지면 존재할 수 없습니다. 인간만으로 생명이 있을 수 없고 벼만으로도 생명이 있을 수 없지요. 커다란 한 생명이 이어지는 흐름 안에서 인간은 인간으로서 벼는 벼로서 완전하게 태어나는 겁니다. 풀과 새

를 포함한 자연 속 모든 존재가 그 자체로 완전한 존재로 태어나 자기 삶을 살다 갑니다. 이것이 자연의 질서지요. 지구를 신체로 삼아 활동하는 생명들의 커다란 조화입니다. 벌레가 채소를 먹더라도 그 벌레가 죽어 흙으로 돌아가면 다시 채소가 벌레의 생명을 먹으면서 자라납니다. 마찬가지로 사람이 벼를 먹어도 결코 거기서 그치지 않고 생명으로 돌고 돌지요. 대자연은 항상 이어지며 순환합니다. 거기에는 어떠한 모자람도 지나침도 없고 시작도 끝도 없습니다.

안타깝게도 우리 인간만이 그 질서에서 벗어나 조화를 깨뜨리고 있습니다. 탐욕에 빠져 흥청망청 소비하며 지구를 망가뜨리고 있지요. 문제는 나날이 늘어나고 줄어들 줄 모릅니다. 문제를 해결하고자 한 일이 오히려 문제를 더 심각하게 만들기도 합니다. 자연의 흐름에서 벗어나면 몸과 마음이 병들어 본디 가야 하는 길을 잃고 헤매게 됩니다.

다행히 문제를 알아차리고 깨닫는 사람들도 점점 많아지고 있습니다. 답을 찾고자 하는 사람들, 이미 바른 답을 살아가고 있는 사람들도 많습니다. 각자의 자리에서 각자의 일에서 바른 자리를 찾아 걸어가는 사람들이 하나둘 늘고 있습니다.

도시가 아닌 우주에서 산다는 것

저희도 취재해오면서 그렇게 답을 찾아가는 사람들을 많이 만났습니다. 오랫동안 운영해오고 계신 '아카메 자연농 학교'에도 그런 분들이 많이 찾아오는 것 같고요.

네. 제가 자연농에 관한 칼럼을 연재하고 책을 내면서부터 자연농을 배우려고 찾아오는 사람들이 차차 늘었습니다. 원래는 제 논밭에서 작은 실습 모임을 열었죠. 그러다 1991년, 그 모임에 꾸준히 오시던 분이 땅을 빌려주셨고 그곳에서 아카메를 시작했습니다. 매달 한 번 모임이 열리는데 한때는 300~400명이 몰리기도 했지만 지금은 평균 200명 정도가 참가합니다. 이곳에서 배움을 마치고 돌아간 분들이 각자 지역에서 자발적으로 자연농 학교를 시작한 덕분이지요.

아카메는 독립적으로 운영하는 걸 중요한 목표로 합니다. 예전에 거액을 기부하려는 분도 있었습니다만 저희가 거절했지요. 우리는 스스로에게 엄격해야 합니다. 학교 운영과 마찬가지로 이곳에 오는 분들 역시 자립하는 방법을 배우고 있습니다. 자신을 계발하고 배우기 위해 모인 이곳에서 다른 사람에게 의존해선 안 된다는 게 원칙입니다. 자신의 힘을 깨닫고 오롯이 자기 힘으로 서야만 강하고 굳건한 사람이 됩니다. 동시에 즐거운 길이기도 하죠. 이곳에서는 모두가 스스로의 성장을 기쁘게 여깁니다. 모두가 자신의 위치, 역할을 기꺼이 받아들이며 일합니다.

아카메에서 가장 인상 깊었던 건 모든 스태프들이 자원활동으로, 아무 보수 없이 힘껏 참여한다는 점이었습니다. 수십 명도 넘는 분들이 그렇게 일하고 있다는 게 놀라웠어요.

네. 무슨 일을 하든지 가장 중요한 건 사람과 사람의 관계라고 생각합니다. 많은 사람들이 모여 어떤 일을 꾸릴 때, 그 일이 얼마나 의미 있는가에 상관없이 사람과 사람 사이가 원만해야 합니다. 그렇지 않을 경우 지속되기 어렵죠. 이곳에선 각자 다 다른 위치에 있는 사람들이 어떻게 함께 어울릴 수 있을지 늘 고민합니다. 자신과 주변 사람들이 함께 성장하려면, 우선 자신을 명확히 바라보고 진정한 인간으로서 어떤 존재가 되어야 하는지 그리고 자신의 몫이 무엇인지를 알아야 합니다. 그래서 이곳에서는 자연농이 무엇인지 배울 뿐만 아니라, 참된 삶을 위해 어떤 사람이 되어야 하는지도 배우게 되지요.

이곳의 스태프는 모두 60~70명 정도인데요, 각자 임무를 뚜렷이 알도록 구체적으로 책임이 주어집니다. 야간 작업을 진행하는 사람, 학생들의 잠자리를 마련하는 사람, 경작지를 관리하는 사람, 혹은 버섯만 담당하는 사람, 주차 구역을 정리하는 사람 등 다양한 역할이 있습니다. 그리고 각 분야마다 책임을 맡는 대표가 있습니다. 대표가 하는 일은 통제하거나 지배하는 게 아니라, 해당 분야에 속한 사람들이 더 잘 일할 수 있도록 바른 길로 이끄는 역할입니다. 이러한 과정을 통해 스태프들 역시 훌륭한 배움의 기회를 얻습니다. 만약 이런 체계가 잘 잡혀 있지 않다면 어려움이 내부에서 시작된다고 봅니다.

아카메를 찾아오는 학생들은 어떤 사람들인지요?

중·고등학생부터 60~70대 어르신까지, 아주 다양한 연령대가 모입니다. 남녀 비율로 치자면 늘 여성이 더 많습니다. 생명과 자연의 소중함을 느끼는 사람들 중에서, 특히 직접 생명을 기르는 어머니들이 먹을거리 안전이나 환경문제에도 더 깊이 공감하는 게 아닐까 싶습니다.

그런가 하면, 기존에 농사 경험이 전혀 없는 젊은 층도 많습니다. 특히 자연과 아예 분리된 채 부모 세대부터 평생을 도시에서 살아온 이들이 많지요. 도시의 삶과 물질문명이 과연 옳은 방향인지 되묻고, 가치관을 새롭게 하며 다시 시작하려고 막 발을 내딛는 사람들입니다.

저마다 조금씩 상황은 달라도, 지금까지의 삶에 의심을 품고 바꾸지 않으면 안 된다고 느끼면서 변화를 만들어가고 있다는 공통

점이 있습니다. 세상의 흐름에 휩쓸리지 않고 자신의 삶과 인생을 짚어보게 된 이들이라고도 할 수 있겠네요.

하지만 세상은 쉽게 변하지 않습니다. 사회와 정부도 개인을 위해 변하지 않을 것입니다. 또한 다른 사람들 역시 좀처럼 변하지 않을 겁니다. 즉, 걱정만 하며 흘러가는 것들을 바라보는 건 아무런 변화도 가져오지 못합니다. 어쨌든 자기 스스로, 자신의 삶을 직접 바꿔나가야만 한다는 깨달음이 바탕에 있어야 합니다.

많은 사람들이 들려준 이야기인데요, 논밭에서 일을 하는 동안에는 주로 도시에서 살면서 갖게 된 온갖 불안과 걱정을 다 잊고서 몰두하게 된다고 합니다. 그렇게 마음이 너그러워져서 자기 삶을 짚어보고 다시 한 번 생각하다 보면 자연스레 옳은 방향으로 흘러가게 된다고 하더라고요. 아직 그 수는 적지만, 이처럼 자기 삶을 고민하면서 바른 쪽으로 움직이려는 사람들이 점점 더 늘고 있어요. 네, 분명 그런 변화의 흐름이 느껴집니다.

저 역시 도시에서 나고 자란 젊은이로서 말씀하신 부분에 깊이 공감합니다. 제 주변에도 지금보다 더 나은 삶, 대안을 찾는 이들이 많거든요. 하지만 곧장 도시를 떠나 다른 삶을 시작하기엔 여러 어려움이 있기 때문에 다들 고민을 많이 합니다.

그렇지요. 자연에 머물 때 우리 몸과 마음은 자연스레 평화로

워집니다. 그리고 다른 생명체들과 어울리면서 그들과 마찬가지로 자연의 일부인 자신의 존재에 대해 확신을 갖게 되지요. 현대 도시는 다른 생명체들을 모두 몰아내고, 오직 인간 위주로만 살도록 만들어져 있습니다. 그래서 몸과 마음이 쉽게 지치죠. 이런 환경에서 어떻게 몸과 마음을 평화롭고 건강하게 이어갈 수 있을까요?

도시에서 이 문제를 이겨내기 위해서는 도시 역시 우주에 속한다는 것을 이해해야 합니다. 우리 자신과 도시 그리고 풍요로운 자연 모두가 이 우주 안에 있습니다. 우주는 모든 생명체의 근원입니다. 인공적인 대도시에 살고 있든 혹은 자연이 풍요로운 시골에 살고 있든 상관없이, 모두가 이 광활한 우주 안에 있다는 것을 잊지 않아야 합니다. 이 별이 존재하고 있는 무한한 우주가 모든 것의 근원입니다.

우주와 자연에 대한 통찰력을 잃으면, 시골에 살아도 도시에 살아도 마음이 평화로울 수 없습니다. 하지만 우주를 얻으면 됩니다. 도시에 사는 게 아니라 우주에 산다고 생각하세요. 작은 것에 사로잡히지 않고 생각을 여는 거예요. 이 거대한 우주 속 지구별 위의 나, 그런 시야를 갖게 되면 눈앞에 일어나는 여러 문제들과 불안에 휩쓸리지 않을 수 있습니다. 이 시대를 살아가는 책임을 받아들이며, 하루하루 평온함을 이어가도록 해야 합니다. 도시가 아닌 우주 안에 살고 있다는 사실을 기억하세요.

가와구치 요시카즈

'도시가 아니라 우주' 안에 산다는 것, 전혀 생각해보지 못했던 새로운 시각이네요.

그렇습니다. 모두가 농사를 업으로 삼아야 한다거나 농부가 되어야 한다는 것이 아닙니다. 하지만 적어도 어린 시절엔 반드시 자연에서 지내며 경험을 쌓아야 합니다. 들판에 나가고 논밭에 서고 산과 바다 같은 자연에 몸과 마음을 두고 생활해봐야 합니다. 이건 정말로 중요한 일, 절대로 빠뜨려서는 안 되는 일이지요. 모두가 자연과 더불어 자유롭게 성장해야 합니다. 또한 여러 생명체들과 함께 자연에서 일하며 얻는 즐거움은 결코 잊히지 않습니다. 이런 경험은 진정 원하는 삶을 찾도록, 그 길에 더 가까이 다가가도록 도움을 줄 것입니다.

정치, 교육, 경제, 예술 등 사회에 꼭 필요한 여러 분야에서 일하고 있는 사람들 역시 마찬가지입니다. 저마다의 분야에서 추구하는 여러 목표와 함께, 자연과 생명에 대해 올바르게 이해하고 꾸준히 관심을 기울여야 합니다. 그렇지 않으면 올바른 길로 갈 수 없다고 생각합니다.

이렇듯 모든 이들이 자연과 조화를 이루는 삶을 직접 경험한다면, 분명 스스로 납득하리라고 확신합니다. 단지 말이나 지식으로 배우는 게 아니라, 정말이지 우리가 이렇게 풍요롭고 아름다운 자연 안에 살고 있구나, 그 덕분에 우리가 생명을 이어가고 있구나, 하고 깨닫게 될 것입니다.

지혜는 모두의 보물

취재 일정상 패트릭 혼자 다녀왔던 2012년 봄 인터뷰 내용을 우리말로 옮기면서, 전부터 사놓고 자세히 들여다보지 않았던 가와구치 님의 책『신비한 밭에 서서』를 다시 읽기 시작했다. 처음엔 너무 어렵게 느껴져 도무지 이해가 가지 않았다. 자꾸만 되짚어 읽어가면서 그 깊은 뜻을 어렴풋하게나마 알아가는 데 몇 년이 걸렸다. 그리고 또다시 한참 시간이 흘러 2015년 여름, 마침내 가와구치 님을 직접 찾아뵐 기회가 다가왔다. 얼추 완성된 다큐의 편집본을 들고 인사차 찾아뵙게 된 것이다. 그동안 영상과 책을 통해 꾸준히 접해왔지만, 과연 실제로 그분을 만나면 어떤 느낌일지 궁금했다. 엄격한 스승님? 너그러운 어르신? 가는 길 내내 마음이 콩닥콩닥 뛰었다.

막상 만나본 가와구치 님은 다정하고 친절하신데다 웃음도 참 많으셔서 마치 친척 어르신 같은 느낌이었다. 준비해간 DVD를 드리면서, 찾아뵈었던 게 3년 전인데 참 오래 걸렸다고 말씀드렸더니, 시간이 참 빨리 흐른다며 고개를 끄덕이셨다. 그동안 많은 사람들이 찾아와서 취재해갔고, 어떤 분은 10년 넘도록 쭉 왔는데도 아직 끝

마치지 못했다며 "이렇게 마무리를 지었다니 얼마나 기쁜 일이에요, 수고 많았어요." 하며 웃으셨다. 그 말씀을 듣고 보니 지나온 여정이 떠올랐다. 막막하던 때도 있었고 영 자신 없던 때도 있었다. 혼자였더라면 결코 오지 못했을 길인데, 든든한 동반자와 함께여서, 그리고 크고 작은 도움을 건네며 등을 떠밀어주었던 고마운 이들과 함께여서 정말 다행이구나 싶었다.

마침 태풍이 온 날이었다. 바깥은 온통 비바람이 휘몰아치고 있었지만, 단정하고 소박한 서재 안은 아늑하고 차분해서 마치 다른 세계에 온 것 같았다. 가와구치 님은 느릿느릿 말씀을 이어가셨고, 동행한 친구 가오리가 통역을 해주었다. 한마디도 놓치기 아쉬워서 수첩을 꺼내놓고 틈틈이 말씀을 옮겨 적었다.

"30년 전 내가 처음 책을 냈을 땐 아무 반응도 없었어요. 돌이켜보면 그때 책을 냈던 것 그리고 여러분이 이렇게 영화를 만든 것, 모두가 씨앗을 뿌리는 일 같아요. 일단 뿌리고 나면 적당한 때와 장소에서 자연스럽게 싹이 트지요. 그때에 비해서 지금은 자연농이 점점 더 알려지고 있고 직접 자연농을 하는 이들도 많아요. 이 영화가 앞으로 계속해서 좋은 역할을 하게 된다면 좋겠네요." 가와구치 님의 격려에 "선생님은 오랜 시간 어려운 길을 헤쳐 오셨는데, 거기에 비해 저희는 훨씬 더 쉬운 역할을 맡게 되어서 죄송합니다." 하고 대답했더니, 괜찮다며 크게 웃으셨다. 그리고 인쇄물을 꺼내 한 장씩 나눠주셨다. 최근 시작하셨다는 자연농 온라인 데이터베이스정식 이름은 '자연농업·생명을 보는 각도 – 논밭의 구체적인 문제 해결'이다. 가와구치 님의 주도로 자연농 농부와 실습생 들이 함께 운영하고 있다. 논, 밭, 과수원 등 각 세부 항목별로 사진 및 그림과 함께 상세한 체험담이 모여 있다. shizen-nou.jimbo.com 안내문이었다.

"자연농의 지혜는 한 사람의 것이 아니라 모두의 보물이지요. 내가 겪었던 경험을 널리 나눠서 다른 사람들에게 도움이 되도록 하고 싶어요. 뒤따라오는 이들이 그 경험을 참고해서 더 수월하게 갈 수 있다면 좋을 테니까. 그래서 이런 공간을 만들게 됐지요." 자연농을 실천하며 겪는 어려움을 포함한 여러 농사 기록들을 공유하는 이 사이트를 통해, 더 많은 이들이 시행착오를 겪지 않고 자신의 길을 찾아갈 수 있기를 바라셨다. 다큐멘터리 완성 이후의 계획을 고민하면서 우리도 생각했던 아이디어였다. 한때 건강이 좋지 않아서 크게 고생하셨다고 들었는데, 이렇듯 힘껏 움직이면서 다방면으로 손길을 보태고 계신 걸 보니 마음이 참 든든했다.

이날 몇 년째 들고 다니면서 손때가 잔뜩 묻은 『신비한 밭에 서서』도 함께 챙겼다. 사인을 부탁드리며 책을 건네자, 맨 앞장에다 정성껏 긴 글을 적어주셨다. 그리고 책을 다시 건네며 이렇게 덧붙이셨다. "사람이 온 삶을 통해 참된 진실을 추구한다면, 점차 그 진실에 가까워지고, 그 진실에서 에너지를 얻게 되며 결코 지루해지지 않지요. 하지만 진실이 아닌 것을 추구한다면 쉽게 지루해지고 또 길을 잃게 됩니다."

참된 '진실', 책에서도 쭉 강조하고, 기회가 닿을 때마다 언급하시는 그 '진실'이란 과연 무엇일까. 오후 내내 차분히 이어졌던 만남을 마무리하고 돌아오는 길, 쭉 그 '진실'에 대해 생각했다. 달리 표현하면 '자연의 섭리' 혹은 '신의 뜻을 따르는 일'이라고 할 수 있지 않을까. 저마다 진실을 실천하는 방법은 모두 다르겠지만 그 진실의 바탕을 이루고 있는 마음가짐은 비슷할 것이다. 가와구치 님은 평생을 농부로서 자연농이라는 길을 개척함과 동시에 자연농을 가르치고 퍼뜨리는 일을 통해 진실을 펼쳐왔다. 그리고 우리는 자연농에 담긴 철학에 깊은 감동을 받아 그 진실을 다큐멘터리 영화, 지역 프로젝트, 전시회나 워크숍 같은 예술 분야를 통해 세상에 전달하고 있다.

4년이 넘는 시간 동안 매달렸던 다큐멘터리 프로젝트가 끝나고 이어진 책 작업까지 마무리하고 나면, 앞으로는 또 어떤 길이 펼쳐질지 어디로 어떻게 걸어가게 될지 도무지 알 수 없다. 이 '알 수 없음'이라는 물음표로 가득한 앞날이 막막하고 힘겹게 느껴지던 날들도 많았지만, 이제는 그런 크고 작은 물음표들을 친구 삼으며 씩씩하게 발을 내딛을 수 있을 것 같다. 우리의 큰 스승님, 가와구치 님께서 온 삶에 걸쳐 '진실의 길'을 묵묵히 걸어오셨던 것처럼, 나 역시

'참된 진실'을 잊지 않고 마음속에 늘 간직하며 걸어간다면 자연스레 가야 할 마땅한 길이 만들어지지 않을까. 아니, 그 어떤 길이 펼쳐지더라도 괜찮지 않을까. 중요한 건 마음속 '참된 진실'을 잘 들여다보는 것, 그 자리에 있음을 잊지 않는 것. 그러기 위해선 서두름 없이 천천히, 즐겁고 신나게 걸어나가야 할 것이다.

°가와구치 요시카즈川口由一

20년 넘게 관행농으로 농사를 지어오다 몸과 마음에 병을 앓으면서 자연농을 시작했다. 1991년 '아카메 자연농 학교'를 열고 지금까지 운영해오면서 일본 전역에 자연농을 널리 알렸다. 쉽고 실용적인 자연농을 실천해온 동시에, 꾸준한 집필 및 교육 활동을 펼쳐 자연농의 큰 스승으로 불린다. 저서로는 『신비한 밭에 서서』, 『자연농, 느림과 기다림의 철학』(쓰지 신이치, 가와구치 요시카즈 공저) 등이 있다.

9

자연은 본래 아름답고,

채소는 있는 그대로 건강합니다

오키츠 카츠아키

보장된 미래를 거부한 삶

막 떠오른 해가 얇은 커튼을 지나 얼굴에 닿았다. 빛의 질감으로 보아 일어나기엔 아직 이른 시각 같았다. 예정대로라면 지금쯤 오키츠 씨의 농장에 있어야 했지만, 어딘가에서 착오가 생겼다. 그가 알고 있던 약속일보다 내가 하루 일찍 왔다는 걸 농장에 도착해서야 알았던 것이다. 내일 다시 찾아뵙겠다고 말씀드리며 돌아올 수밖에 없었다. 그렇게 다카마쓰 시내로 돌아와 작은 호텔에 방을 잡았다. 일본과 한국 곳곳으로 취재를 다니며 최대한 숙박비를 줄이기 위해 야간 버스, 친구네 집, 카우치서핑 등을 이용하며 여러 군데를 전전했다. 그러나 갑작스레 일정이 바뀐 이날만큼은 다른 대안이 없었다. 작고 깔끔한 1인실은 출장 온 회사원들이 주로 머무는 듯한 조졸한 숙소였지만 내겐 무척 과분하게 느껴졌다. 모처럼 주어진 호사를 제대로 누려야겠다고 생각하며 폭신한 이불로 다시 파고들었다.

그런데 막 다시 잠이 들려던 때 심한 진동을 느꼈다. 방 전체, 아니 건물이 온통 흔들리고 있었다. 몸을 벌떡 일으켰다. 무언가 떨어져 몸을 덮칠 위험이 적은 곳, 단단한 탁자 아래나 문틀을 찾아야 했다. 작은 방 안에 그만한 탁자는 없었기 때문에 잽싸게 문틀로 몸을 옮겼다. 지진 때문인지 아니면 긴장한 탓인지 두 손이 부들부들 떨렸다. 얼마나 지났을까, 흔들림이 멈췄고 모든 게 원래대로 돌아왔다. 그 순간 전날 밤 맞춰놓았던 알람이 요란하게 울렸다. 버튼을 누르며 창밖을 보니 이미 거리의 사람들은 아무 일도 없었다는 듯 걷고 있었다. 하지만 그 짧은 순간 느꼈던 긴장은 여전히 내 몸 어딘가에 남아 있는 것 같았다.

지진으로 놀랐던 마음을 다스리고 다카마쓰에서 도쿠시마로, 약속시간에 맞춰 오키츠 씨의 농장으로 찾아갔다. 열댓 명 넘는 사람들이 모여 있었는데 매달 열리는 학습모임이라고 했다. 단정한 작업복에 야구 모자를 눌러쓴 오키츠 씨가 작물을 가리키며 차근차근 설명하는 모습, 밭의 풍경, 메모하는 사람들 등등 다양한 장면을 카메라에 담았다. 논밭 곳곳 가득한 풀, 꽃, 벌레, 나비의 모습에 유난히 눈길이 갔다. 활기차게 노닐고 있는 그 작은 생명체들은 쉬지 않고 여기저기 바삐 움직여서 카메라로 다 따라잡기가 어려웠다. 도시에서 멀리 떨어진 도쿠시마 외곽, 이 한적한 농장이 저 작은 생명체들에게는 마치 시내 한복판처럼 느껴지겠구나 생각하니 흥미로웠다. 한편, 이 작은 친구들을 볼 수 없는 도심에는 오직 인간이 만들어낸 것들, 만약 큰 지진이 일어난다면 무너져 내려 우릴 덮쳐버릴 것들로 가득하다는 사실이 새삼 기이하고 오싹했다.

이날 저녁, 통역을 맡았던 일본인 친구가 돌아가고 혼자 농장에 남았다. 일주일 더 머물면서 일손을 거들고 틈틈이 인터뷰를 이어가기로 했다. 딱딱한 다다미방에 몸을 뉘였다. 몹시 피곤한데도 잠은 오지 않았다. 영어를 못하는 오키츠 씨와 일본어를 못하는 내가 어떻게 소통할 수 있을까, 내 일손이 농장에 도움이 되기는 할까, 이런저런 걱정들로 머릿속이 와글와글 복잡했다. 한편으론 일본의 이 외딴 시골 농가에 누워 있는 현실이 거짓말 같아서 피식 웃음이 났다. 재작년까지만 해도 실리콘밸리의 IT 회사에서 온종일 모니터 앞에 앉아 키보드를 두드리며 하루하루를 보냈던 내가, 지금은 일본의 다다미방에 누워 있다니. 나의 지난날과 지금 이 현실이 멀고 아득하게 느껴졌다. 작업복 차림에 두툼한 손과 구릿빛 얼굴을 한 오키츠 씨와 하얀 손과 푸른 눈의 미국인인 나 사이의 거리는 또 얼마나 까마득한지, 오늘 아침 떠나온 시내 그 호텔방과 이곳 오래된 농가의 작은 방은 얼마나 다른지. 이런 여러 생각들에 계속 뒤척이다 한참 만에 겨우 잠이 들었다.

오키츠 카즈아키

이튿날 이어진 인터뷰에서 오키츠 씨 역시 대학 졸업 후 직장을 다니며 대도시인 도쿄에 오래 살았다는 이야기를 들었다. 전혀 손닿을 수 없을 만큼 멀었던 거리가 성큼 좁혀지는 느낌이었다. 농학을 전공하고 공무원으로 일을 시작했다는 오키츠 씨는 내가 그랬듯 보장되어 있는 안전한 미래를 거부하고 마음이 이끌리는 곳을 향해 20년 넘게 그 길을 걷고 있었다.

어제 열렸던 학습모임에서 자연농에 대해 설명할 때 '진실'에 대해 여러 번 언급하셨던 게 인상 깊었습니다. 오키츠 씨가 생각하는 '진실'이란 무엇입니까?

시작부터 어려운 질문이네요. 어떻게 답해야 할까요. 제 생각에 진실이란, 다른 사람에게 물어봐서는 안 되는 것이에요. 진실은 스스로 느끼는 것이지 다른 누군가가 알려줄 수 있는 게 아닙니다. 자연 역시 마찬가지예요. 굳이 말로 표현하자면, '그대로 있는 것' 지금 이 순간도 우리는 자연 안에, 자연의 움직임 속에 있습니다. 그래서 자연을 느낄 수 있지요. 즉, 진실을 느낄 수 있다고도 할 수 있어요. 진실은 스스로, 온몸으로 느끼는 것입니다. 그렇기 때문에 어느 누구에게도 물어볼 수 없고 누가 알려줄 수도 없어요.

진실은 자기 스스로 찾아야 한다는 말씀이지요? 그렇다면 자

연농은 그렇게 찾아낸 '진실'과 함께 농사를 짓는 방식이라고 볼 수 있을까요?

글쎄요, '자연의 흐름에 맞추고, 자연의 순환을 소중히 생각하는 농사'라고 하면 어떨까요. 농사를 짓는 목적은 작물을 건강하게 길러내는 것이지요. 그러기 위해선 작물 본래의 아름다움에 대해 잘 알아야 합니다. 일본에서 두루 쓰는 표현 중에 '진선미'라는 말이 있어요. 아름다움을 안다는 것은 진실과 선함을 안다는 것과 같고, 그러므로 모든 것을 이루는 바탕이 됩니다. 즉, 건강함은 선함과 아름다움을 포함하지요.

진실과 선함과 아름다움이 서로 가까이 이어지면서 나아가 건강함과도 맞닿는군요.

네. 밭에서 일을 하다 보면 자연스럽게 알게 됩니다. 자연이란 그저 '있는 그대로'예요. 누구든 진실을 알려고 한다면 알 수 있습니다. 하지만 많은 사람들은 아예 알아보려는 노력조차 하지 않지요.

'누구든 진실을 알려고 한다면 알 수 있다'라고요. 하지만 솔직한 심정으로 제겐 아직 그 진실이 막연한 느낌입니다. 어떻게 해야 그 진실을 알아갈 수 있을까요?

건강한 것, 좋은 것을 계속해서 들여다봐야 해요. 아름다움 또한 계속 들여다보면서 그 가운데 머물러야 합니다. 부자연스러운 것들 사이에만 계속 있다 보면 자연스러운 것, 진실한 것을 모르게 되지요. 그렇기 때문에 건강한 것과 아름다운 것을 들여다보지 않으면 잊어버리게 됩니다. 슈퍼마켓에서만 먹을거리를 사다 보면 진짜 맛, 자연스러운 맛을 모르게 되지요.

자연 본래의 아름다움과 건강함

저도 처음 자연농 농장을 찾았을 때 싱싱한 채소를 맛보고 깜짝 놀랐던 적이 있습니다. 모양은 작고 못생겼어도 그동안 제가 먹어온 것들과 비교할 수 없을 정도로 맛있었거든요. 정말 맛이 진하고, 생생하고, 달콤했어요.

사람은 건강한 먹을거리를 꾸준히 먹어야 건강하고 아름답게 살아갈 수 있지요. 제가 기르는 채소들은 크기는 좀 작고 모양은 별로일지 모르지만, 맛만큼은 훨씬 더 뛰어나다고 자부합니다. 20년 넘도록 그렇게 채소를 키워서 고객들께 보내왔어요. 초반에는 실수도 하고 어려움을 겪기도 했지만, 아주 큰 피해를 입은 적은 없습니다. 병충해도 심하지 않았고요. 그러니 생산량은 안정적인 편이라고 볼 수 있겠지요.

또 하나 중요한 점은, 논밭에서 반짝반짝 빛나는 작물을 보는 것만으로도 저는 정말 즐거워요. '그저 이대로 좋구나' 하는 감탄이 절로 나올 정도이지요. 농사를 지으며 '본디 자연은 이렇게 아름답고, 작물은 있는 그대로 건강하구나' 느꼈습니다. 다시 말하지만, 이는 온몸으로만 알 수 있는 배움입니다. 글로는 표현할 수 없습니다.

본디 아름다운 자연 안에서, 원래 있는 그대로 건강한 작물을 기르는 게 자연농이라고 볼 수 있겠군요.

덧붙이자면 가와구치 요시카즈 씨의 책에 나오듯, '밖으로 꺼내지 않기, 안으로 들여오지 않기'가 원칙입니다. 그 땅에서 난 걸 최대한 다시 되돌려줘야 하고, 동시에 그 땅이 아닌 바깥에서 난 건 들여오지 않아야 해요. 직접 해보면 아주 쉬워요. 비료 없이, 농약 없이, 그저 자연 그대로 이어가는 겁니다.

후쿠오카 마사노부 씨는 자연농을 '무無'의 농법이라고도 하셨는데, 이 견해는 어떻게 생각하시나요?

'무無'는 '없다'는 게 아니에요. 오히려 '있다'고 봐야죠. '무'는 '없는 것이 없는, 있는 그대로'라고 해석해야 한다고 봅니다. '없음'에 얽매이지 않는 것, 문제로 삼을 필요가 없는 것, '무'라는 건 그런 높은 경지를 뜻하며, 어떠한 환경에도 얽매이지 않는 것입니다.

역시 어렵네요. 미국에서 나고 자란 제게 '무'라는 개념은 여전히 어렵게 느껴집니다. 아까 말씀하신 대로 더욱 진실을 들여다보며 노력을 이어가겠습니다. 질문을 조금 바꾸어볼게요. 농사로 생계를 꾸리고 있다고 하셨는데, 판매는 어떻게 하시나요?

대부분 회원제 꾸러미로 판매합니다. 채소는 여덟 가지 이상 포함하고, 수확이 적은 시기에는 말린 채소와 나물, 감이나 귤, 밤을 넣을 때도 있습니다. 일주일에 한 번 보내고, 회원은 현재 20가구 정도입니다. 저희는 전업농이지만 이렇게 소량 꾸러미로만 직접 판매하고 있어서 조금 큰 규모의 텃밭이라고도 볼 수 있습니다. 저는 대량생산과 자연농은 맞지 않다고 생각합니다. 하지만 자연농은 자연에 피해를 끼치지 않고 작물을 건강하게 길러낸다는 점에서 가장 효율적인 농사방법이라고 할 수 있습니다.

그동안 이 프로젝트를 진행해오면서 농부들뿐만 아니라, 자연농을 시작하려고 준비하는 분들을 많이 만났습니다. 그분들이 제일 걱정하는 게 '과연 자연농으로 먹고 살 수 있을까?'입니다.

저도 자연농을 시작할 무렵 주변 사람들에게 '자연농으로 먹고 사는 게 힘들지 않을까' 하는 이야기를 많이 들었습니다. 솔직히 '안 되면 할 수 없고…'라는 마음으로 시작했습니다. 아직도 시행착오의 연속이지만 시작 후 몇 년쯤 지나니 전업농으로 계속할 수 있다는 자신이 생겼습니다.

한 가지 덧붙이고 싶네요. 저는 돈은 중요하지 않다고 생각합니다. 농부에게 가장 중요한 건, 건강한 농산물을 길러서 그걸 먹는 사람들이 건강해지도록 돕는 일이라고 생각합니다. 그게 가장 핵심이고 무엇보다도 중요한 점이지요. 농사를 지으면서 '자연을 대하는 잘못된 인식 때문에 지금 이 많은 사회문제들이 생겨난 게 아닐까'라고 생각하게 되었어요. 그래서 더더욱 열심히 자연농을 이어가야겠다고 다짐했습니다.

그렇군요. 어떻게 해서 처음 자연농을 알고 시작하셨나요?

대학 시절 제 전공은 농학이었고, 첫 직장은 정부의 농업 관련 부서였습니다. 지금도 그렇지만 공무원은 정년이 보장된 안정적인 일자리인 데다, 저 스스로도 뜻깊은 일이라고 생각해서 무척 만족스러웠습니다. 하지만 일을 할수록 실망과 불신이 조금씩 쌓여갔어요. 그러던 중 가와구치 요시카즈 씨의 책을 접했습니다. 손에서 책을 내려놓지 못하고 밤을 꼬박 새워 다 읽었죠. 그동안 미처 생각해보지 못했던, 완전히 새로운 관점의 농사였어요. 바로 그다음 날 아침 전화를 걸어서 찾아가보고 싶다고 했죠. 그 후로 매달 가와구치 씨 농장을 찾아갔어요. 직접 보고 배우면서, 자연농이야말로 현대농업의 한계를 넘어 온전히 지속 가능한 방식으로 나아갈 수 있는 바른 방법이라는 걸 실감했습니다. 하지만 제가 속해 있던 정부 조직 안에서 자연농에 대해 이야기한다는 건 불가능했어요. 결국 일을 그만두고 자연농을 시작했습니다.

직장을 그만두고 농사를 시작하기까지, 무척 큰 결심이었을 것 같아요. 혹시 부모님이나 아내가 반대하지는 않으셨나요?

부모님도 아내도 모두 반대가 심했죠. 공무원에 비하면 자연농은 생계가 가능할지조차 의심스러운 극히 위험한 길이었으니까요. 하지만 저는 자연농을 해야 한다고 굳게 믿었고 꼭 하고 싶었습니다. 그렇게 해서 1992년부터 이곳에서 농사를 시작했습니다. 농사 면적은 3,000평 정도로, 20퍼센트는 논이고 나머지는 밭입니다. 처음엔 부모님도 농사를 조금씩 도와주셨지만 두 분 모두 돌아가시고 지금은 아내와 저 둘이서만 하고 있습니다.

지속 가능한 행복

오늘 밭에서 풀을 베는 작업을 했는데요, 어떻게 해야 할지 여쭤봤을 때 "작물과 풀을 들여다보면서 스스로 방법을 찾아보세요."라고 말씀하셨지요. 사실 처음엔 매우 당황스러웠지만

새롭고 즐거운 경험이었습니다.

그랬다니 다행이네요. 저는 되도록이면 풀을 살려서 작물과 함께 키우려고 합니다. 오늘 한 것처럼 풀을 베어 관리할 때도 있지만 최소한으로 하려고 하죠. 기르는 작물이 풀보다 약해서 질 것 같을 때만 줄기 부분을 자르는 식으로 풀을 관리합니다. 나머지는 그대로 두고요. 밭에서 작물 아닌 풀도 함께 살아갈 수 있도록 배려한다고 할까요. 그래서 자연농 논밭을 보면 그냥 풀밭에서 작물이 자라는 모습과 비슷하지요. 풀이 무성히 자란다는 건 자연의 생태계가 풍요롭다는 뜻이고, 그렇게 되면 흙 역시 풍요로워지므로 비료가 필요 없습니다. 그리고 가장 중요한 점은, 자연스럽게 길러진 작물은 병충해가 거의 없다는 점입니다. 왜냐하면 건강한 조건에서 길러지기 때문입니다. 덧붙이자면, 땅을 갈지 않으므로 트랙터 같은 기계도 필요 없고, 풀도 그냥 두므로 비닐 멀칭이나 제초제도 전혀 필요 없습니다. 자연농은 환경에 부담을 주지 않는 가장 지속 가능한 농업이라고 볼 수 있습니다.

자연농에 대해 알아갈수록 그리고 이렇게 오키츠 씨의 말씀을 들으면서 안타까움이 커집니다. 지금의 농사는 땅을 갈고 농약을 뿌리는 것도 모자라 유전자 조작까지 일삼고 있지요. 인간은 너무나 멀리 와버린 게 아닐까 하는 생각이 듭니다.

여기 제 밭에 좋은 예가 하나 있네요. 농사를 시작하고 초기에는 지력이 부족하다고 생각해서 틈틈이 짚이나 쌀겨 같은 영양분을 보충하곤 했습니다. 한 해는 세 군데로 나눠서 무를 심었는데, 그중 한 곳이 특히 지력이 떨어지는 것 같아 쌀겨를 듬뿍 뿌렸지요. 처음에는 무척 잘 자라는 듯했는데요, 얼마 지나 병충해가 드는 바람에 거기 있던 무들이 몽땅 다 죽고 말았어요. 반면 쌀겨를 뿌리지 않은 나머지 두 곳은 전혀 피해가 없이 잘 자랐고요. 이 사건 덕분에 벌레가 원인이 아니라, 작물의 주변 조건이 더 중요하다는 걸 확실하게 배웠습니다. 이후로는 완전히 비료 없이 농사짓는 걸 원칙으로, 다만 작물이 너무 작다든가 영양분이 꼭 필요할 때만 신중하게 쌀겨를 적당량 뿌려주는 방식으로 이어오고 있습니다. 그저 자연 그대로, 있는 그대로 따르는 것만으로도 충분하니까요.

이 마을에서 오키츠 씨만 자연농을 하신다고 들었습니다. 혹시 자연농을 하지 않는 이웃들과 갈등은 없으신가요?

처음엔 간혹 곤란한 경우가 있었습니다. 기존 농업에 익숙한 사람들에게는 온통 풀로 뒤덮여 있는 밭은 지저분하게만 보이잖아요. 몇몇 이웃들이 눈살을 찌푸리면서 이런저런 불평을 늘어놓기도 했습니다. 그러다 좋은 아이디어가 떠올랐죠. 누구든 예쁜 꽃을 보면 나쁜 마음이 들지 않잖아요. 그래서 일부러 논밭 주변에 꽃들을 많이 심어놨어요. 역시 불평불만을 꺼내는 사람이 확 줄더군요. 꽃들이 활짝 피었다 다 질 때쯤이면 베어서 밭에 놓아둡니다. 자연스러운 양분이 되니까 일석이조입니다.

꽃을 보면 나쁜 마음이 들지 않는다! 정말 좋은 아이디어네요. 저도 오키츠 씨 밭에 처음 왔을 때 꽃들이 많아서 참 의외였는데, 그런 사연이 있었군요. 처음 자연농을 시작할 때 반대하셨던 아내 분께선 지금은 어떠신지요?

저는 뭐니 뭐니 해도 논밭에 나와 일하는 걸 가장 좋아하는데요, 언젠가 아내에게 물어봤더니 자기도 마찬가지라고 하더군요. 어느새 아내도, 생명을 깊이 느끼면서 자신의 모습을 들여다볼 수 있는 그 시간을 좋아하게 된 것 같아요. 매일 아침 일어나면 아내와 둘이 논밭에 나와 일을 합니다. 조금 일하다 보면 점심때가 되어서 밥을 먹지요. 그러고 나서 일을 더 하다 보면 밤이 됩니다. 집으로 돌아와 다시 밥을 먹고 잠이 들지요. 이런 평범한 날들 속에서 문득문득 행복하다는 생각을 합니다. 도시에서 살던 때와 달리 지갑을 한 번도 열지 않은 채 며칠씩 지나가기도 해요. 신문과 TV에선 늘 투자 방법, 경기 회복 같은 걸 이야기하지만 제 생각에 돈은 그저 도구일 뿐이에요. 돈의 많고 적음을 떠나서 먼저 스스로 행복한 사람이어야만, 그런 다음에야 행복하게 돈을 벌고 쓸 수 있을 것입니다.

그런 점에서 저희는 참 행복한 삶을 살고 있다고 생각합니다.

밭에서 일할 때엔 별다른 대화 없이 내내 근엄한 표정이었던 오키츠 씨. 하지만 그가 일과를 마치고 집으로 돌아와 시원한 맥주잔을 부딪칠 때엔 완전히 다른 사람처럼 바뀐다는 걸, 그리고 우리의 제한된 언어로도 어떻게든 대화를 나눌 수 있다는 걸 둘째 날 저녁부터 서서히 알아갔다. 첫날 밤 잠을 이루지 못했던 그 걱정들이 무색하게도 우리의 대화는 점점 더 깊어지고 넓어져갔다. 간혹 이야기가 막힐 땐 몸짓과 메모를 통해 어떻게든 함께 그 의미를 찾아갈 수 있었다.

그렇게 점점 더 가까워지면서, 그의 삶 전체에 녹아 있는 그의 '진실'을 생생하게 느낄 수 있었다. 그는 세상 사람들 모두 '진선미'가 조화롭게 어우러지는 삶을 바라며 살아가고 있다고 믿었다. 나아가 자연은 그런 사람들을 기꺼이 도울 뿐 아니라, 사람들 역시 자연 속에서 남을 배려하고 서로 도와가며 함께 살아갈 수 있다고 확신했다. 20년 넘게 꾸준히 이어오고 있는 자연농은 그 진실을 실현시키며 행복을 얻는 수단이자, 다른 이들과 함께 행복을 나누기 위한 수단이었다.

더 많은 사람들이 그처럼 각자의 '진실'을 삶 속에 적용시킨다면 어떨까 상상해보았다. 전업농부인 그의 방식과 꼭 같진 않더라도, 하루하루의 일상 속에서 각자 나름대로 진실과 선함 그리고 아름다움을 실천할 다양한 방법을 찾아낼 수 있을 것이다. 이를테면, 매 순간 다른 사람과 생명들에게 보다 이롭고 도움이 되는 선택을 이어간다면 어떨까. 어떤 물건을 사고, 어떤 먹을거리를 먹으며, 어디에 가서 어떤 사람들을 만나고 어울리는지, 모든 선택의 순간마다 마음 깊숙한 곳에서부터 옳다고 믿는 가치관에 따라 행동한다면 그 결과는 어떨까. 그 작은 변화들이 마치 물방울처럼 모이고 합쳐져 거대한 변화의 파도를 이루어내지 않을까.

일주일 동안의 농장 생활과 틈틈이 이어진 인터뷰를 마무리하던 마지막 날 밤, 다른 어느 날보다도 더 많은 맥주병이 쌓여갔고 이야기도 흥겹게 이어졌다. 특히 호탕한 웃음과 함께 어느 때보다 편안한 얼굴로 자신이 생각하는 행복에 대해 말하던 오키츠 씨의 모습이 잊히지 않는다. "우리는 돈 없이도 얼마든지 충분할 수 있어요. 그저 자연만 있으면 돼요. 아주 쉬워요. 그저 땀 흘려 일하고, 그런 다음 넉넉하게 거두고, 가족과 함께 맛있게 먹고, 자신을 소중히 여기는 만큼 다른 생명들도 소중히 여기면서 하루하루를 알차게 살아가면 되지요. 제가 생각하는 진짜 행복은 그래요."

°**오키츠 카즈아키**沖津一陽

일본 도쿠시마 현 아와 시에서 '이치요 농원'을 운영하고 있다. 매달 농장에 사람들을 초대하여 무료 견학회를 개최하고, 지역 자연농 모임을 이끌고, 전국 자연농 네트워크에 활발히 참여하는 등 자연농의 철학을 널리 알리기 위해 힘쓰고 있다.

10

질문으로 두리번거리지 않고
묵묵히 답을 살아갑니다

기타 오사무

마음의 나이

　사람은 세 종류의 나이를 먹는다고 한다. 몸의 나이, 사회적 나이 그리고 마음의 나이다. 도쿠시마에서 만난 기타 오사무 할아버지는 여든이라는 몸의 나이도, 일찌감치 생업을 접고 은퇴한 사회적 나이도 전혀 개의치 않는 듯했다. 우리에게 처음 이분을 소개해주었던 최성현 님은 '말과 행동에서 자연농의 힘이 보이는 분'이라며 기회가 된다면 꼭 만나보길 당부하셨다. 과연 그 말씀 그대로, 몸도 마음도 온통 자연의 생명력으로 충만한 '여든 살 청년' 기타 할아버지와의 인터뷰는 지금 내 마음의 나이는 몇 살인지, 여든 살에 나는 과연 어떤 모습일지를 곰곰이 짚어보게 했다.

　다큐멘터리 작업에 대해 설명 드리고, 찾아뵈어도 괜찮을지 여

쬐보았더니, 언제든지 찾아오라는 답변이 돌아왔다. 며칠 후, 알려주신 주소로 찾아가니 그곳에는 널찍한 서점 겸 문구점이 있었다. 작은 도시에서 평생 책방을 운영하다 아들에게 가게를 물려준 뒤 농사를 짓고 있다는 설명을 듣고서 소박한 가게를 상상했는데, 예상과 다른 규모에 내심 놀랐다. 기타 오사무 님을 찾아왔다는 이야기를 들은 계산대 직원은 우리를 맨 안쪽 방으로 안내했다. 작고 어두컴컴한 공간 입구부터 온통 책들이 빼곡했다.

체구가 작고 깡마른 기타 할아버지가 반색하며 우리를 맞아주셨다. 안내해주신 대로 창가의 소파에 앉아서 다시 이 공간을 구석구석 둘러보았다. 서가 뒤편으로 작은 침상이 보였다. 기타 할아버지는 우리의 눈길을 따라 그 공간을 가리키며 침실 겸 공부방이라고, 논밭으로 일하러 나갈 때를 빼곤 늘 이 안에 머문다고 했다. "아들네는 자기네 집으로 들어오라고 하는데, 나는 여기가 훨씬 더 편해요."라고 덧붙이며 껄껄 웃었다. 여든이라는 연세가 도무지 믿기지 않을 정도로 정정하신 기타 할아버지의 얼굴엔 자글자글 주름이 깊었지만, 그만큼 웃음도 자연스레 배어 있었다. 특히 농사 이야기를 할 때면 아이처럼 맑은 눈빛이 반짝반짝 빛났다. 그 눈빛 속에 담긴 '자연농의 힘'을 더 자세히 알아보고 싶었다.

서점을 운영하다 아들에게 물려준 후 15년 전부터 자연농을 시

작하셨다고 들었습니다. 어떤 특별한 계기가 있으셨나요?

15년 전 가와구치 요시카즈 씨를 처음 만났죠. 그런 다음 자연농에 대해 점차 알아가면서 남은 생을 쭉 자연농과 함께하기로 결심했습니다.

그렇군요. 가와구치 씨는 어떻게 만나셨나요?

오키츠 카즈아키 씨를 통해서였습니다. 오키츠 씨도 그 무렵 지역 명상모임에서 처음 만났어요. 당시 저는 EMEffective Micro-organisms의 약자, '유용한 미생물'을 뜻하며 농업, 실생활 분야에서 두루 쓰인다에 한창 관심을 두고 있었어요. 더 자세히 알아보고 싶어서, 오키나와에서 활동하는 유명한 EM 전문가를 초대하는 강연회를 준비하고 있었죠. 그런데 오키츠 씨가 그 강연회를 반대했어요. 그 EM은 오키나와의 균이고, 어디에나 EM과 비슷한 것이 자연스레 있다는 이유였지요. 저 산에는 저 산에만 있는 게 있고, 이 밭에는 이 밭에만 있는 게 있듯 말이에요. 그러니 그런 일은 필요가 없다고 하면서 제게 가와구치 씨의 책을 알려줬어요. 그게 『신비한 밭에 서서』였어요. 한번 읽기 시작하니까 다 읽을 때까지 잠을 잘 수가 없었어요. 책에 나온 견학모임 안내를 보고 며칠 후 바로 모임에 참여했지요.

가와구치 씨의 책에서 가장 감명 깊었던 점은 무엇이었나요?

전부 다요. 특히 진정한 것을 이야기하고 있다는 점, 거짓이나 꾸밈이 전혀 없다는 점에서였죠. 또 하나 훌륭한 점은, 그의 표현을 빌리자면 '답'을 살아간다는 걸 이야기하기 때문이에요. 인생에는 문제가 있고, 답이 있지요. 많은 사람들은 문제를 추구할 뿐 답을 찾지 않아요. 환경을 위해 이것이 좋다, 저것이 좋다 하는 식이죠. 하지만 세상을 좋게 하자면서 또 다른 문제를 만들어내요. 제가 보기에 그건 진정한 삶의 방식이 아니에요. '문제'가 아니라 '답'을 살면, 하루하루가 즐겁고 보람 있지 않을까요? 화를 낼 일도 없어지고요. 세상의 모든 것에 감사할 수 있게 될 겁니다. 자기가 먹을 것은 자기가 직접 기르고, 병이 나더라도 자기가 직접 고치고, 만약 그렇게 살아간다면 스트레스도 불안도 사라질 거예요.

그렇군요. 말씀대로 '질문'이 아니라 '답'을 산다는 건, 생각하는 사람과 실천하는 사람의 차이라고 볼 수 있겠네요. 하지만 처음부터 곧바로 실천을 시작할 수는 없으니까, 생각도 필요하지 않을까요?

그렇지요. 저는 인생을 어떻게 살아갈지 늘 책을 읽으면서 고민해왔어요. 하지만 가와구치 씨의 책이야말로 정말이지 특별한 계기가 되었죠. 그 책을 읽는 동안에는 전혀 의문이 들지 않았어요. 제가 여러 방면으로 익혀온 나름의 해답이 모두 한 권 안에 있었습니다.

덧붙여 설명하자면 이래요. 한 사람이 건강한 먹을거리를 먹고, 매일 즐겁게 밭일을 하고, 자연과 함께하면서 먹고 살 수 있다면 그걸로 충분한 거예요. 그렇지 않으면 상대방을 윽박지르거나 서로 경쟁하고, 여러 잘못된 생각들을 품게 되죠. 그런 생각들로 채워지면서 점점 더 세상은 이상해져요. 그런데 그럴 필요가 없어요. 모두가 사이좋게, 자연과도 사이좋게, 하루하루 감사하면서, 그 이상 필요한 게 있나요. 매년 우리는 걱정 없이 열매를 얻을 수 있잖아요. 각자 저마다의 능력으로 그렇게 살아갈 수 있게 되어 있어요.

한 가지 예를 들어볼까요? 비가 그치면 금빛 거미가 창밖에 거미줄을 쳐요. 그 거미는 절대로 자신을 혹사시키지 않지요. 그저 아름다운 나무에 매달려 노닐 뿐입니다. 우리 인간도 거미처럼 그저 이 지구 위에서 평화롭게 살아가면 되는 거예요. 그런데 우리는 스스로를 만물의 영장으로 여기죠. 우리가 진화의 맨 꼭대기에 있다고 생각합니다. 작은 생명체들, 이를테면 거미, 참새, 지렁이 들을 보면, 태어난 그 자리 근처에서 평생을 살아가요. 나무는 평생 한 곳에서 살아가지만 참으로 건강하게 온전한 삶을 이어갑니다. 하지만 인간들은 어떤가요? 너무도 탐욕스럽습니다. 우리는 전 세계 모든 곳에서 원하는 걸 얻으려 하지요. 그것도 계속 다른 나라들과 싸워가면서 말입니다. 이 얼마나 어리석은 일인가요?

마음을 나누는 여행

네, 저도 자연농을 알아가며 자연과 사람이, 사람과 사람이 사
이좋게 살아갈 수 있는 방법에 대해 생각하게 되었어요.

사람들은 흔히 자연농에 대해 돈이 되느냐 안 되느냐, 그런 걸
걱정합니다. 그런데, 생각해봐요. 인류가 태어나 몇 억년을 넘게 살
아왔어요. 그 오랜 동안에는 돈도 의사도 교육 기관도 다 존재하지
않았지요. 요즘처럼 값비싼 등록금을 고생스레 마련해서 공부를 배
우는 대학교도 없었지요. 그런데 정말 그 공부가 쓸모가 있나요? 이
런저런 지식들은 늘어날지 몰라도, 삶의 지혜는 사라지고 없으니 정
말로 안타까운 일이죠.

작년에는 대만 원주민 마을에 다녀왔는데, 그 사람들의 삶이
참 인상적이었어요. 타이둥에서 배로 서너 시간쯤 떨어진 곳에 소수
민족이 사는 란위 섬이란 곳이 있어요. 섬 둘레를 따라 바닷가에 작
은 마을들이 있고요, 쌀은 재배하지 않고 토란 종류를 키워요. 여름
에는 필리핀 쪽에서 날치가 와서 간단히 망으로 잡을 수 있는데, 그
렇게 잡은 생선은 배를 갈라 말린대요. 그 말린 생선과 토란이 주식
이죠. 작은 섬에서 서로 경쟁하지 않고 주어진 것에 감사하며 사이
좋게 살아가고 있는 모습이 참 좋았어요.

자연농에 대한 열정만큼이나, 세상을 두루 경험하며 사람들을 만나고 이야기 듣는 걸 정말 좋아하시는 그런 천성이 기타 할아버지의 건강 비결인지도 모르겠다는 생각이 들었다. 대만, 라오스, 한국으로 이어지는 여행 이야기에 흥미롭게 귀를 기울였다. 농사철에는 하루하루 땀 흘려 일하고, 농한기에는 발길 닿는 곳, 가보고 싶었던 곳, 궁금한 곳들로 두루 여행을 떠난다고 하셨다. 영어는 전혀 못하지만 현지에서 만나는 사람들과 어떻게든 마음으로 이야기를 나눌 수 있었다고, 모두들 '이 늙은이'를 도와주려고 해서 어려움 없이 수월하게 여행을 다닐 수 있었다고 하셨다. 내 지난 여행의 기억도 떠올랐다. 내가 좋은 마음을 품고 있으면, 자연스레 좋은 마음을 지닌 사람이 다가온다는 간단한 진실을 나 역시 여행을 통해 배웠다. 그게 단지 여행뿐만 아니라 삶의 모든 면에도 적용된다는 걸 기타 할아버지의 말씀을 통해 새삼 다시 생각했다.

인터뷰를 시작한 게 오전 10시였는데, 어느덧 정오가 다 넘어가고 있었다. 두 시간 내내 쉬지 않고 이야기를 이어가서 피곤하실 법도 한데, 기타 할아버지는 여전히 활기찬 모습이셨다. "자, 그럼 이제 점심 먹으러 갑시다. 그러고 나서 논밭에도 가보죠." 하며 성큼성큼 앞장서는 할아버지를 따라 맛있는 도쿠시마 라멘을 먹고 자연농 논밭을 둘러보았다.

할아버지의 논밭은 곳곳에 조금씩 흩어져 있었다. 처음엔 한

곳에서 작게 시작했지만 땅을 구입하거나 빌릴 기회가 닿을 때마다 더해져서, 지금은 모두 네 군데에서 농사를 짓고 있다고 하셨다. 제일 처음 들른 곳은 서점 바로 뒤편에 있는 널찍한 밭. 입구에는 '진실을 따르고, 선을 사랑하며, 아름다움을 벗 삼는 신비한 밭. 고마츠시마 중학교 실습농원'이라고 적혀 있었다. 여쭤보니 근처 중학생들이 농사 체험을 하고 있다고 설명해주셨다. 그 밭에는 주먹보다 조금 더 큰 작은 수박이 빼꼼 얼굴을 내밀고 있었다. 언뜻 보기엔 풀로 뒤덮인 들판처럼 보이는 밭 곳곳에서, 마치 보물찾기를 하듯 풀 사이로 숨어 있는 작물들을 찾아낼 수 있었다.

이렇게 밭을 돌아보고 작물이 자라는 모습을 보는 것만으로도 기분이 좋아지네요.

그렇죠. 밭에서 일을 하다 말고 위를 올려다보면, 산 위로 보이는 구름은 예쁘고, 살랑거리는 바람에 기분이 좋아지지요. 벌레와 곤충들이 땅 위를 기어가고, 새와 나비는 여기저기를 날아다닙니다. 정말 기분이 좋아요. 그런데 저는 서 있을 때도, 앉아 있을 때도, 자고 있을 때도 그런 마음이 온몸에 가득 차 있어요. 심지어 외국에서도, 여행을 다닐 때도, 언제 어디에서든 늘 그래요. 이렇게 여러분과 만나는 것도 즐겁고요. 매일매일 마주치는 것들이 즐겁지 않은 것이 없어요.

방금 이야기하신 그런 기분을, 자연농을 하지 않는 사람들도 느낄 수 있을까요?

네, 당연히 그렇죠. 태어나면서부터, 우리 모두는 자연스럽게 심오한 '감각'을 지닙니다. 하지만 어린 시절부터 잘못된 교육을 받아왔어요. 더 많은 돈을 벌어야 한다고, 더 높은 지위를 얻어야 한다고, 그게 가장 중요한 인생의 목적이라고 배워왔죠. 그래서 우리는 진정한 자연을 느끼고 그 속에서 살아갈 능력을 잃어버리고 만 거예요. 그러나 단지 기억하기만 한다면 우리는 다시 자연을 느낄 수 있습니다.

그렇게 되돌아가기 위해서는 어떤 노력들을 해야 할까요?

방금 밭을 보았을 때 저절로 기분이 좋았잖아요? 그렇게 밭에 오기만 해도 자연에 대한 우리 안의 감각이 깨어나죠. 되도록 자연을 가까이할 수 있는 기회를 많이 만들어보세요.

제가 자연농 경험이 없는 분들을 위해 계획한 것이 있어요. 밭한쪽에 작은 오두막이 있는데요, 거기서 지내면 밭에서 난 걸로 먹고 그 안에 묵을 수 있으니 돈이 하나도 들지 않죠. 그래서 자연농에 관심 있는 분들이 오두막에 머물면서 농사일을 배우고, 일본어나 고전도 공부할 수 있도록 하려고 해요. 누구든 인연이 닿으면 와서 머물 수 있도록 하려고 합니다.

자연농을 시작하려는 분들에게 참 좋은 기회가 되겠네요.

그렇죠. 하지만 자연농은 지역, 기후, 땅과 같은 조건뿐만 아니라 어떤 사람이 하느냐에 따라서도 그 결과가 전혀 달라져요. 모두가 각자 자기 방식대로 자유롭게 하기 때문이지요. '꼭 이렇게 해야 한다'는 게 전혀 없어요. 농부 100명이 있다면 100가지 다른 자연농이 있는 거예요. 제가 하는 자연농, 오키츠 씨의 자연농, 가와구치 씨의 자연농, 모두 다 다르지요. 그러니까 저마다 자신의 자연농을 스스로 완성시켜야 해요.

100명의 농부, 100가지 자연농

여러 지역 모임에 참여하신다고 들었습니다. 이 지역 농협과도 인연이 있다고요.

제 친구가 도쿠시마 농협의 총 책임자를 맡고 있어요. 약 10년 전에 '고마츠시마 산업진흥회'라는 그룹이 열렸고 저도 동참했지요. 매달 이 지역 발전을 위한 토론 모임이 이어졌는데요, 제가 그때 '무농약 도시 고마츠시마 선언'을 제안했어요. 그런데 다들 "훌륭한 생각이지만 현실적으로 불가능하다."라면서 반대했고 결국 받아들여지지 않았어요.

하지만 이런 사례가 있습니다. 미야자키 현 아야라는 마을이 있어요. 그곳 이장님이 삼림을 개발하려고 하는 정책에 반대하면서, "이 원시림을 남겨두고 이곳의 장점을 살려 자연에서 자란 청정 채소를 판매하자."라고 제안했는데 크게 성공했죠. 저는 이곳도 그렇게 할 수 있다고 생각했어요. 그런데 이곳 사람들은 도무지 실천할 생각이 없더라고요.

안타깝네요. 왜 그랬을까요?

지역 농민들이 반대했대요. 농약을 안 쓰고 어떻게 농사를 지을 수 있냐면서요. 수확량은 줄고 품은 더 드니 도저히 할 수 없다고 했답니다. 하지만 제 생각은 달랐어요. 사람들이 마음을 모아서 꼼꼼하게 해나간다면, 비록 수확량이 줄어들더라도 몇 배나 더 잘 팔릴 수 있다고 봤지요. 고마츠시마에서 나오는 채소는 모두 농약을 치지 않아 건강에 좋은 채소라는 게 알려진다면, 사람들이 더 많이 찾을 거라는 생각이었죠. 제 말에 공감하는 사람들도 있었지만 그걸 직접 행동으로 옮길 용기나 결심은 서지 않았나 봐요. 게다가 농협이라는 조직은 농약, 비료를 팔아서 수입을 얻는 곳이잖아요. 그러니 더 어려운 일이었지요.

이런 일들을 겪으면서 역시 내가 하고 싶은 것, 옳다고 믿는 건 큰 조직이나 단체와는 함께할 수 없다는 걸 깨달았어요. 단체나 정부 같은 곳에 의존하지 않고 우선 스스로 실천하는 게 맞아요. 불필요한 여러 가지 일들을 신경 쓰는 것보다, 매일 밭에 나가서 씨를 뿌리고 열매를 수확하면서 즐겁고 여유롭게 살아가는 게 훨씬 더 좋지요. 굳이 이 지역에 얽매이지 않아도, 전국 곳곳에, 넓게는 전 세계에 마음 맞는 동료들이 많으니까 차차 모이고 뭉쳐서 그 힘이 점점 더 커지면 좋겠어요.

아까 이야기하신 계획도 그렇고, 두루 참여하고 계신 모임들도 그런 마음으로 이어가시는군요. 혼자 하는 것도 좋지만, 다 같이 하면 더 즐거울 거라는 마음가짐이요.

네, 여럿이 모이면 두루 의견을 나눌 수 있어서 더 도움이 되죠. 그게 더 재미있기도 하고요. 하지만 여기에 앞서서, 무엇보다도 직접 실천하는 게 기본이 되어야 해요. 본인 스스로 하지 않는 사람은 아무리 모임을 나가고 인맥을 넓혀도 소용이 없어요. 실천이 가장 중요해요. 자기 것을 실천하지 않는 사람은 모임에 오더라도 초점에서 벗어날 수밖에 없어요. 말하는 것과 실천하는 것은 다르니까요. 지구 환경이 어떻다든가, 이 세계가 어떻다든가…, 자기 힘으로 해결할 수 없는 일들로 안절부절못하는 사람들이 있죠. 하지만 자기가 직접 실천한다면 전혀 그럴 필요가 없어요. 스스로가 나는 이렇게 살아야겠다는 마음을 새기고 그것에 따라 실천하는 것이 가장 중요해요.

잘 알겠습니다. 스스로 실천하고 행동할 것, 명심하겠습니다. 쭉 일관된 말씀을 해주셨네요.

그럼요. 틀림없는 진실은 하나죠. 누구나 그 진실에 따라 산다면 마음이 편할 거예요.

자신이 단단히 믿는 진실을 확고하게 '답'으로 살아가고 있는 기타 할아버지. 그는 마치 거대한 나무 같았다. 땅에 뿌리를 단단히 내리고 기쁨에 겨워 만세를 부르듯, 가지를 하늘로 쭉 뻗어 올리고 있는 나무. 두려움이나 불안함이나 초조함이라고는 전혀 없이, 새가 날아오르고 구름이 예쁘고 바람이 향긋한 모든 순간들을 그 자체로 만끽하며 살아가는, 행복한 나무의 모습이 떠올랐다. 오늘날 대부분의 사람들이 살아가고 있는 삶의 방식, 한때는 나 역시 그랬고 아직도 그 버릇을 놓아버리지 못한, '지금이 아닌 과거나 미래에 얽매인 삶'에 대해 생각해보았다. 그리고 기타 할아버지의 표현을 빌리자면 '질문만 하는 삶'과 '답을 사는 삶'은 얼마나 다른가에 대해서도 되새겨보았다. 지금 나의 삶은 '질문만 하는 삶'에 더 가깝지만, 이토록 좋은 스승을 거듭 만나가며 훌륭한 배움을 쌓아가고 있으니, 이 길의 어딘가에서 나 역시 나만의 '답'을 찾아 그 '답'을 살아갈 수 있지 않을까.

발아래 풀숲을 헤치던 기타 할아버지가 자그마한 가지 하나를 우리에게 건네며 "이걸 어슷하게 썬 다음, 잘 구워서 간장을 뿌리면 좋은 맥주 안주가 돼요." 하고 들려주셨다. "할아버지 저녁 안주가 없어지는데 괜찮으세요?" 하고 여쭤봤더니 "그럼요. 나는 얼마든지 더 있으니 걱정 말고 가져가요." 그렇게 말하며 웃으셨다. 그 너그럽고 주름 깊은 얼굴 위로 다시 행복에 겨운 나무의 모습이 겹쳐졌다.

°**기타 오사무**貴田收

평생 서점을 운영하다 예순 다섯에 자연농 농부가 되었다. 현재 일본 도쿠시마 현 외 곽 고마츠시마 시에서 자연농 농사를 짓고 있다. 자연농 이외에도 자연의학, 서예, 여 행 등 다양한 분야에 호기심을 가지고 배우는 중이다.

11

자연이, 지금 이 순간이 정답입니다

래리콘

식품 공장이 된 땅에 서서

오리건으로 가는 5번 고속도로를 달리는 내내 캘리포니아 중부 계곡의 황량한 풍경이 이어졌다. 이 지역은 미국에서 가장 넓은 농업지대 가운데 하나로, 한때는 온갖 생명체들이 모여 살던 비옥한 땅이었다. 기록에는 이 길 양쪽 모두가 울창한 숲이었다고 적혀 있다. 지금은 모두 사라지고 없는 그 옛날의 풍경을 머릿속에 찬찬히 그려보았다. 태평양에서 몰려오는 안개구름으로 자욱한 서쪽 숲, 뒤엉키듯 구불구불 자라는 캘리포니아 떡갈나무들이 무성한 반대편 언덕, 그 아래 펼쳐지는 초록빛 들판…. 온갖 다양한 기후와 생물종이 촘촘하게 어우러져 있었던 이 땅은 얼마나 아름답고도 풍요로웠을까.

그러나 오늘날, 이곳에서 볼 수 있는 건 오직 무채색 메마른 땅뿐이다. 한때 장엄한 소나무와 레드우드로 뒤덮였던 서쪽 지역은 허망하게도 텅 비어 있다. 동쪽 역시 마찬가지, 나무들은 흔적도 없이 사라지고 오직 메마른 풀로 덮인 언덕뿐이다. 그토록 푸르렀다는 초원지대는 채 100년도 지나지 않아 지금 이 황폐한 농지로 바뀌고 말았다. 거대한 농기계들은 빈틈 없이 꼼꼼하게 땅을 일구어놓았다. 파헤쳐진 땅은 마치 상처 입은 짐승처럼 속살이 그대로 드러나 있다. 그 땅 위로는 작은 새 한 마리 날지 않는다. 이곳엔 아무런 먹잇감도 없다는 걸 새들도 잘 알고 있는 것이다.

놀랍게도 현재 캘리포니아에서 생산되는 먹을거리 대부분이 이곳에서 자란다. 한때는 활발한 생태계가 살아 있었지만, 지금은 너무도 척박해서 생명체를 찾기조차 힘들어진 땅. 이곳에서 정부의 보조금을 받는 거대 농업기업이 화학비료에 의존하며 단일작물을 대규모로 재배한다. 거칠게 표현하자면 '야외 식품 공장'인 셈이다. 잠시 차를 세우고 카메라를 들었다. 그리고 고속도로 철책 너머 거대한 경운기 한 대가 땅을 가는 모습을 길게 담았다. 천천히 땅을 헤치며 나아가는 그 기계는 희뿌연 먼지구름을 만들어내고 있었다.

'오래전 그 푸른 땅은 언제 어떻게 다 사라지고 말았을까?' '지금 이 건조하고 척박한 땅이 다시 예전처럼 되살아날 수 있을까?' '이런 땅에서도 과연 자연농이 가능할까?' 온갖 질문들이 끊임없이 머릿속을 맴돌았다. 다시 북쪽으로 향하는 내내 안타까움과 막막함이 어깨를 무겁게 짓눌렀다. 반나절 넘게 더 길을 달려 늦저녁에야 오리건 주 애쉬랜드에 도착했다. 허름한 숙소를 잡고 간단한 저녁을 먹으며 다음 날 있을 인터뷰를 준비했다.

이곳에서 만나 뵙기로 한 래리 콘 님은 1970년대 초반 후쿠오카 마사노부 님의 농장에서 머물며 자연농을 배웠고, 미국으로 돌아와 『짚 한 오라기의 혁명』을 영어로 옮겨 펴냈다. 이 번역본을 시작으로 『짚 한 오라기의 혁명』은 총 45개 언어로 번역 출간되었고, 후쿠오카 마사노부라는 이름이 전 세계로 널리 퍼졌다. 출간 이후로도 래리 콘 님은 기고, 강연, 워크숍 등 다방면으로 자연농을 알리는 활동을 이어가고 있다. 직접 운영하는 '짚 한 오라기의 혁명' 홈페이지 www.onestrawrevolution.net에는 후쿠오카 마사노부 님의 생전 인터뷰, 대담, 기고문, 영상 자료가 알차게 담겨 있다.

미국에서 나고 자라 사회생활을 하다가 정해진 길이 아닌 대안을 찾아 멀리 아시아로 떠났다는 래리 콘 님. 나와 몹시 비슷한 이런 이력 때문에 이분이 쓴 글은 특히 더 가슴에 와 닿았고 이해하기 쉬웠다. 인터뷰를 요청하는 이메일을 보냈을 때도 바로 흔쾌한 승낙과 환대가 되돌아왔다. 그래서 인터뷰에 대한 긴장보다도 어서 이분을 직접 만나 자세한 이야기를 나눠보고 싶다는 설렘이 더 컸다.

다음 날 아침 9시, 알려준 주소로 찾아가니 도시 외곽 산자락에 자리 잡은 아담한 집이 나왔다. 초인종을 누르자 래리 콘 님이 함박웃음으로 반갑게 맞아주었다. 간단한 안부와 인사를 나누고 함께 뒤뜰로 갔다. 햇빛이 눈부신 날이었는데 초록빛 그늘 아래 의자를 놓으니 딱 알맞았다. 여기까지 오는 동안 끝없이 이어졌던 그 메마르고 거친 풍경과 달리, 이 집은 온통 숲에 둘러싸여 있었다. 캘리포니아에서 흔히 볼 수 있는 레드우드 나무가 많아서 마치 친척 집을 찾아온 것처럼 친근한 느낌이 들었다. 상쾌한 공기를 들이마시며 지금 이 공간, 바로 이 순간이 참 평화롭다고 생각했다. 인터뷰는 이렇듯 편안한 분위기에서 시작되었다.

후쿠오카 마사노부 님에게 자연농을 배우셨다고 알고 있습니다. 먼저 그분에 관한 이야기를 해주시겠어요?

제 스승이신 후쿠오카 마사노부 님은 일본의 시코쿠 섬에서 자랐습니다. 그의 아버지는 벼와 감귤농사를 짓는 농부이면서 마을의 높은 자리에 있었죠. 그 배경 덕분에 그는 당시 시골 출신으로는 아주 드물게 대학에 진학했습니다. 전공은 식물병리학이었고, 졸업 후 식물검역소에서 수출입 작물을 조사했습니다. 그분 말로는 현미경으로 자연을 감상하는 일이었다고 했어요. 그러다 심한 폐렴에 걸려서 거의 죽다시피 했고, 병이 나은 후로 삶과 죽음에 대해 심각하게 고민하기 시작했다고 합니다. 하루는 밤새 거리를 방황하다가 요코

하마 항이 내려다보이는 언덕에서 새벽을 맞이했는데, 불현듯 세상 만물이 열리는 느낌을 받았다고 했습니다. '자연의 참다운 모습'을 보았다고 할까요. 마치 자연이 자신 안으로 들어와 하나가 되는 것 같았다고, 자신과 자연이 온전히 하나로 이어져 있다는 걸 느꼈다고 했습니다.

자연과 인간이 하나로 이어져 있다는 자연농의 기본 철학이 그렇게 마련되었군요.

그렇습니다. 현대문명은 원래의 현실, 즉 자연과 우리가 하나로 이어져 있다는 현실을 낱낱이 분리하고 갈라버렸어요. 나무, 바위, 풀, 동물 같은 모든 자연물과 우리 인간을 분리한 다음, 그 위에 '좋다' '나쁘다' 식으로 가치를 더한 거죠. 유익한 곤충과 해로운 곤충 이런 식으로 말입니다. 모든 자연물을 그렇게 분리하고 나누었어요. 그런 다음 생명과 자연에 대한 생각을 만들어냈지요. 이러한 구분은 자연에는 존재하지 않고 오직 사람들의 생각 속에만 존재하지요. 그런 다음 사람들은 자연을 더 발전시켜 잘 활용할 수 있다고 생각하기 시작했습니다. 삶을 더 낫게, 편리하게 할 수 있다고 믿고 자연에 이렇게 저렇게 손을 댔지요.

그러나 사람들이 자연을 이해하는 데는 한계가 있습니다. 그런 일들은 자연을 망가뜨리고, 부작용을 낳고, 의도치 않은 결과를 만

들었습니다. 그렇게 발생한 문제들을 또다시 기존 방식으로 해결하려 하고, 그것이 또 다른 문제를 낳고, 그렇게 문제는 점점 더 커지죠. 이 상황은 결국 오늘날 우리가 맞닥뜨린 수많은 일들이 과거에 해온 일들 때문에 생긴 문제라는 사실을 발견할 때까지 계속되지요.

나의 스승 후쿠오카 마사노부

"문제를 일으킬 때 썼던 사고방식으로는 절대 그 문제를 해결할 수 없다."라는 아인슈타인의 말이 생각납니다. 지금도 그렇지만 당시 사람들에게 그의 관점은 더욱 받아들여지기 어려웠을 텐데요.

네. 그는 주변 동료들, 심지어 길에서 마주치는 사람들에게까지 자신의 생각을 전하려 노력했지만, 이미 이 세계에 적응해서 살아가고 있는 이들은 도저히 그 생각을 받아들이지 못했죠. 마치 과거로 되돌아가자는 말처럼 들렸을 겁니다. 사람들은 과학기술이 세상을 풍요롭게 만든다고 굳게 믿었습니다. 그러니 그 누가 옛날로 되돌아가고 싶었을까요. 그러나 그의 말은 옛날로 되돌아가자는 것이 아니라, 우리가 사는 현실 그 자체를 바로 보자는 뜻이었습니다. 결국 그는 고향으로 돌아가서 자신의 깨달음을 농사로 실천하며 사람들에게 직접 보여주기로 결심했습니다.

하지만 그 역시 어떻게 해나갈지 구체적인 방법은 몰랐지요. 그래서 그는 사람들이 어떤 일을 시작할 때 흔히 시도하듯 '이걸 해보자, 저것도 해보자' 하는 대신, 정반대의 길을 택했습니다. '이것도 하지 말고, 저것도 하지 말자'라는 식이었지요. 다른 농부들이 하듯 밭을 갈거나, 김을 매거나, 거름을 주거나, 모내기를 하지 않아도 된다고 보고 그렇게 실천했습니다.

'아무것도 하지 않는 농법', 다시 말해 '뺄셈의 농법'이라고 볼 수 있겠네요.

제가 그분의 농장을 찾아갔던 게 1972년이었는데요, 당시 그는 이미 30년 넘게 자신만의 방식으로 농사를 짓고 있었습니다. 사실 하는 '일'이라곤 거의 없었어요. 가끔씩 진흙에다 씨앗을 섞은 점토 단자를 뿌리고, 그 위에다 짚을 흩뿌려 놓았지요. 논밭엔 온통 클로버 같은 풀들이 가득했지만 그는 개의치 않고 수확할 시기만 기다렸어요. 과수원도 비슷한 방식이었죠. 아무것도 하지 않고, 클로버와 무, 우엉, 민들레처럼 깊게 뿌리를 내리는 풀들로 덮이게 놔뒀어요. 그러고 나서 겨자, 메밀, 알팔파 같은 여러해살이식물과 곡물을 심었습니다. 얼마 지나지 않아 땅이 비옥해지기 시작했죠. 처음에는 곤충들이 살만한 곳이 충분치 않았기 때문에 국화로 만든 천연 살

충제를 뿌려야 했습니다. 하지만 시간이 흐르면서 차차 다양한 곤충들이 찾아왔고 자연스레 균형이 만들어졌죠. 덕분에 그는 곤충 때문에 걱정하지 않아도 됐어요. 이렇듯 그저 이러저러한 것들을 할 필요가 없었습니다. 자연은 완벽했던 원래의 모습을 향해 스스로 극복해가니까요.

'원래 자연은 그 자체로 완벽하다'는 개념이 새삼 놀랍습니다. 어떻게든 자연을 '개발'시키고 과학기술을 통해 '발전'시키려는 지금 이 흐름과 반대네요.

그분은 그저 처음으로 되돌아간 것뿐이었어요. 이 사회는 계속해서 처음에서 멀어지고 있습니다. 그러면서 우리도, 이 사회도 모두 길을 잃었습니다. 예전처럼 자연과 사람이 공존하던 관계는 어느 순간 단절돼버리고 말았죠. '우리는 자연과 완전히 다른 존재'라는 근거 없는 믿음이 생겨났습니다. 우리는 지금 분리된 세계에 살고 있어요. 언제부턴가 사람들은 스스로를 다른 종種보다 뛰어난 존재로 여기기 시작했죠. 인간이 더 우월하고, 더 가치 있으며, 그러므로 이 지구를 마음대로 이용해도 된다고 생각했지요. 나아가 우리의 위대한 지성과 과학을 통해 삶을 더 풍요롭게 할 수 있다고 믿었습니다. 다른 생명체에 일어나는 일은 중요하게 여기지 않고, 그저 부분적인 피해일 뿐이라고 보았습니다.

지금 우리는 다른 생명들도 살아야 하는 서식지의 대부분을 차지하고 있습니다. 또한 우리는 지구의 풍요로움을 다 써버리고 있죠. 화석연료뿐 아니라 깨끗한 물, 생태자원을 마구 낭비합니다. 우리 조상들은 다른 생명체들과 조화롭게 어울려 지냈고 자연을 더럽히지도 않았습니다. 하지만 우리가 스스로를 자연에서 분리시키고 철학, 종교, 윤리, 예술 등을 만들어내면서부터 세상은 '문명화'되었습니다. 그런데 이 문명화된 세상은 실제 존재하는 세상이 아니라 우리의 머릿속에 존재하는 세상일 뿐입니다.

지구가 파괴되어 사라진다면 이 문명도 함께 사라지고 말 텐데, 그런 점을 아예 보지 못한다는 게 참 안타깝습니다.

우리가 원래의 자리로 되돌아가 자연에 조화롭게 깃들려면, 우리가 지나온 길을 되돌아봐야 합니다. 자연을 지배하고 착취하는 관점을 버리고, 자연과 조화를 이루려는 새로운 관점에서 바라본다면 우리가 어떻게 살아가야 할지 자연스럽게 알게 됩니다. 지구를 파괴하지 않으면서도 충분히 풍요롭게 살아갈 수 있는 삶의 형태를 직감으로 알 수 있지요. 바로 그게 우리 조상들이 줄곧 살아왔던 방식입니다.

그런 점에서 후쿠오카 마사노부 님의 관점은 이곳 아메리카 원

주민의 관점과도 무척 비슷하네요.

네, 근본적으로 같아요. 그들은 자신들의 생계를 이어가면서도 자연 속 모든 생명체들이 풍요롭게 공존할 수 있도록 함께 살아갔지요. 동물이 멸종될 때까지 사냥하지 않고, 욕심내어 전부 싹쓸이하지 않고, 오직 필요한 만큼만 얻었습니다. 또한 놀랍게도 그들의 농사 방식은 자연농과 아주 비슷했어요. 지역에 따라 기후나 자연환경이 다른 만큼 부족들마다 방식은 조금씩 달랐지요. 하지만 기본적으로 땅을 갈지 않고 최대한 자연의 원래 모습을 거스르지 않으며 조화를 추구한다는 점에서 같았습니다.

저희가 취재하면서 만났던 일본의 가와구치 요시카즈 님은 '자연농법'이 아닌 '자연농'을 강조하셨습니다. 자연농은 특정한 농사방법이 아니라 보다 폭넓게, 세상을 보는 관점이기 때문이라고 하셨지요.

정확히 그렇습니다. 사람들은 흔히 자연농을 농사 방식으로 생각합니다. 그러나 자연농은 기술이 아니라 철학이고 관점입니다. 만약 당신이 그 관점을 제대로 이해하고 받아들인다면, 당신은 당신 자신이 됩니다. 자연 안에서 자연과 하나가 되고, 밖에서 바라보는 방문객의 입장이 아닌 온전한 주체로 서게 됩니다. 그러면 당신은 무엇을 어떻게 해야 하는지 자연스럽게 알게 되지요. 물론 시행착오도

겪을 겁니다. 그렇지만 꾸준히 시도해야 합니다. 자연이 어떻게 반응하는지 경험으로 익혀야 합니다.

후쿠오카 님도 그랬습니다. 여러 가지 방법을 경험해보고 무엇이 어떻게 되는지 살펴보았지요. 비록 결과가 좋지 않더라도 계속 시도하면서 꾸준히 이어갔습니다. 하지만 여기서 말하는 시도는 앞서 말한 지금 이 문명의 방식과는 완전히 다른 방식의 시도입니다. 사람들은 어떤 문제를 풀기 위해 어떤 목적이나 원하는 것을 정하고 거기에 맞춰 여러 방식을 시도합니다. 하지만 그분은 어떤 특정한 목적 없이 시도해가면서, 어떻게 흘러가는지를 쭉 지켜보았습니다.

한 가지 예를 들어볼까요. 그분은 같은 논에 여름에는 벼를, 겨울에는 보리를 심었는데요. 벼를 수확하고 남은 볏짚은 보리 위에, 보리를 수확하고 남은 보릿짚은 벼 위에 뿌렸습니다. 처음에는 짚 전부를 두껍게 뿌렸지요. 잡초는 확실히 덜 자랐지만, 새싹이 무거운 짚을 뚫고 나오지 못해서 수확량이 아주 적었습니다. 그 이듬해에는 짚을 너무 무겁지 않게, 가볍게 흩뿌려가면서 덮었어요. 그랬더니 수확량은 더 늘고 잡초도 덜 자랐죠. 이렇듯 경험을 거듭하면서 가장 잘 맞는 방식을 찾아나갔지요.

이처럼 자연농의 관점에서 관찰이란 '상호작용'에 가깝습니다. 단지 관찰하는 데 그치지 않고, 실제 자연 안에서 점점 더 깊이 알아가는 거죠. 아메리카 원주민들은 자신들이 속한 공간에 대한 엄청난 감각을 갖고 있었어요. 자연이 어떻게 변화하는지, 어떤 생명체들이 어떻게 살아가는지를 상세히 알고 있었지요. 마찬가지로, 자연농을 실천한다는 건 나 자신을 넘어 스스로를 더욱 넓혀간다는 의미이자, 자연과 더 가깝게, 깊게 이어진다는 의미이기도 해요. 결국 이는 자신의 '성장'이 될 수 있습니다.

학습된 생각을 의심해보기

말씀을 듣고 나니 더욱 이해가 쉬워지네요. 자연농은 삶을 바라보는 관점인 동시에 삶 그 자체가 되는군요.

네. 후쿠오카 님의 농장에 머물던 때 저는 한창 방황하던 20대 청년이었지요. 그분을 곁에서 지켜보며, 그분처럼 생각해보는 방식이 많은 도움이 됐어요. '이걸 하지 말면 어떨까, 저걸 그만두면 어떨까?' 하고 스스로에게 묻는 거지요. 삶을 가장 단순하게 사는 방법이 무엇일까 생각해보는 거예요. 단순하게 살면 그 속에서 커다란 자유와 기쁨을 느낄 수 있어요. 집안의 전구를 바꿔 끼듯, 생각의 방식을 바꿔보는 겁니다. 그렇게 자연농을 삶으로 살아가게 된다면 좋은 점들이 무척이나 많아요. 지구를 파괴하지 않고 생태계가 더욱 풍요로워지는 방식으로 스스로와 가족의 생계를 해결하며 살아갈 수 있습니다. 다른 생명체들과 사이좋게 친구가 되기도 하고요, 크디큰 즐거움이 솟아오르기도 한답니다. 하지만 물질적 부는 포기해야 합니다. 그런 '장난감'은 원래 세상에 없던 것들인데 그저 우리가 만들어낸 것이죠. 그러므로 자연농을 실천하기 위해서는 반드시 강한 결심이 필요하답니다.

강한 결심이 필요하다는 말씀에 공감합니다. 우리를 둘러싼 체제, 특히 주류의 흐름은 마치 자석과도 같아서 그 장력을 벗어나려면 엄청난 노력이 필요하지요.

현대문명의 사고방식에 깊숙이 젖어 있는 사람들은 자연농을 받아들이거나 이해하는 데 큰 어려움을 겪습니다. 지금 이 체제에 자신의 삶을 온통 쏟아부었기 때문에, 쉽게 바꿀 엄두를 내지 못하죠. 저 역시 그랬어요. 저는 로스앤젤레스에서 태어난 도시 사람이었어요. 그 안에 있을 땐 어떻게 세상을 바꿔야 할지, 아무 생각도 떠올릴 수 없었죠.

제 경험이기도 한데요, 현대문명의 관점에서 자연농의 관점으로 옮겨갈 수 있는 좋은 방법은 내 생각을 다시 한 번 바라보는 거예요. 사실 자연농을 막 알아가기 시작하던 때엔 온갖 생각이 밀려들었지요. 이를테면 '늘어나는 세계 인구를 먹여 살리기 위해서는 대량생산 농업이 필요하지 않을까?' 하는 식으로 말이에요. 하지만 그런 생각은 깊은 고민 없이 자동으로 튀어나온 거예요. 이미 학습된 거죠. 이렇게 무의식적으로 '당연히 맞는 말' 같은 생각들을 발견할 때마다 '좋아, 저런 생각은 어디에서 나왔을까? 정말로 진짜일까?'라고 스스로 짚어봐야 해요. 과연 우리에게 무한한 경제성장이 반드시 필요한가요? 진보란 언제나 좋은 것일까요? 물론 필요할 수도 있어요. 과학으로 자연을 읽어낼 수도 있고, 어딘가 먼 곳에 도달할 수도 있고, 언젠가 우주인을 만날 수 있을지도 모르죠.

　과학뿐 아니라 많은 것들, 아름다운 음악이나 대단한 요리 들도 그래요. 우리가 만들어낸 훌륭한 것들이 분명 많아요. 그건 사실입니다. 저는 오랜 시간에 걸쳐 평가의 과정을 지나왔어요. 차례차례 제가 믿던 것들의 어떤 부분은 사실이고, 어떤 부분은 그렇지 않다는 걸 알았지요. 그런가 하면 어떤 것들은 더 이상 쳐다보지도 않아요. 이를테면 '화성에 위성 착륙, 우주 개발 경쟁 돌입' 이런 기사들 말이죠. 그런 건 정말 우스꽝스럽고 어리석은 일이라고 생각해요. 신문을 읽지도 않아요. 그런 기사들로 제 머릿속을 채울 필요가 전혀 없다는 걸 깨달았어요.

　그런 것들 대신에 저는 정원 가꾸기와 농사, 손으로 흙을 만지는 걸 정말로 좋아합니다. 후쿠오카 님은 세상 사람들 모두가 직접 농사를 짓고, 작물을 기르고, 채소든 고기든 필요한 것을 스스로 자급자족할 수 있다면 얼마나 그 세상이 아름다울지 생각해보자고 했어요. 하지만 동시에, 모두가 농사를 짓는 것만이 가장 이상적인 방식이라거나 유일한 방법이라고 여기지도 않았어요. 제 생각에는 자연농도 그래요. 자연농이라 부르고는 있지만, 실은 '자연을 바라보는 마음가짐'에 더 가깝다고 봅니다.

말씀처럼 꼭 농사를 직업으로 삼지 않더라도 조금씩 직접 작물을 기른다든지, 생산 과정에 관심을 갖는다든지, 더 넓게는 자연농의 관점으로 세상을 보고 이해한다든지, 이런 노력들만으로도 곳곳에서 변화가 일어날 수 있겠네요.

맞아요. 자연농의 관점에서 바라보는 세상은 어떤 고정된 틀이나 목적이 없기 때문에 '정답'이라는 게 없어요. 그렇기 때문에 그무엇도 정답이 될 수 있지요. 후쿠오카 님에게는 자연이, 지금 이 순간이 정답이었어요. 아침에 일어나서 마주하는 하루하루의 현실, 지금 눈앞에 있는 이 순간 말이에요. 그는 눈앞에 있는 모든 것들에 호기심이 많았어요. 사람들을 만날 때도 그랬죠. 만나는 사람이 농부든 아니든 관계없이 항상 온갖 질문을 건넸지요. 무엇보다 그 사람의 내면을 알고자 했어요. 머리가 길거나, 수염이 났거나, 겉모습이 어떻게 보이는가에 대해서는 전혀 관심이 없었죠. 제가 그분 댁을 방문했을 때도 머리가 아주 길고 수염이 덥수룩했는데 그런 건 아무런 의미가 없었죠.

머리 이야기를 하니 생각나는 에피소드가 하나 있네요. 1979년
에 그분이 미국에 오셨을 때 버클리 대학 앞에 있는 카페에 갔어요.
그때 가죽옷에 금속 장신구로 치장한 데다 오렌지색 머리 한쪽은
뾰족하게 세우고 다른 한쪽은 바짝 깎은, 정말 독특한 남자가 들어
왔어요. 저는 무심코 "세상에 참 별별 사람이 다 있네."라고 말했는
데요, 그러자 그분은 "래리! 겉모습만 보고 사람을 판단하면 안 돼.
다시는 그러지 말게."라면서 화를 냈죠. 그리고 30분이 넘도록 등을
돌리고 말도 붙이지 않았어요. 제게 가르침을 주기 위해서였죠.

책으로만 만났던 후쿠오카 마사노부 님은 진지하고 엄격한 철
학자 같았다. 그런데 이번 인터뷰를 통해 인간미 넘치는 따뜻한 스
승의 모습을 발견할 수 있었다. 래리 콘 님 역시 참 친근하고 온화한
분이셔서 인터뷰 내내 오랜 친구와 대화를 나누는 듯 편안했다. 그
리고 자연농이라는 주제에 깊은 관심을 갖고 모국을 떠나 세계를 떠
돌고 있는 내 모습에서 젊은 날의 자신을 발견한 듯, 든든한 동지처
럼 대해주셨다. 긴긴 시간을 달려온 데 비해 인터뷰 시간은 짧았지
만, 벅찬 감동으로 뭉근하게 마음이 차올랐다.

다시 캘리포니아로 가는 5번 고속도로에서 전날과 다름없이 삭
막하고 황량한 풍경이 나를 맞았다. 어제의 그 막막함 위에 한 겹 더
다른 고민이 더해졌다. 이러한 답답한 현실에 우리는 어떻게 대응해

야 할까? 후쿠오카 님의 표현대로 오직 '지금 이 순간'이 정답이라면, 내가 한창 알아가고 있는 이 자연농의 관점을 어떻게 삶 속에서 이어갈 수 있을까?

고속도로를 벗어나 새로운 질문을 던지다

마음 속 질문은 계속해서 이어졌다. 과연 우리가 농약과 화학비료를 마구 쏟아부어 가며 좋지 않은 먹을거리를 길러내고 땅을 오염시키는 게 옳은 길인가? 흥청망청 일회용품을 사용하며 끝없이 쓰레기를 쌓아가는 게 바람직한가? 생태계를 파괴시키면서 다른 생명체들이 살지 못하는 죽은 공간을 만들어가는 게 공정한가? 이러한 방식을 대신할 더 바람직한 길은 없는가?

다시 고속도로의 풍경을 떠올려 보았다. 그 삭막한 풍경에 대한 나의 첫 반응은 슬픔과 안타까움, 아쉬움과 절망이었다. 하지만 우리는 슬픔이 지나간 자리 그다음을 볼 수 있어야 한다. 그동안 저질러온 실수를 인정하고 지나온 잘못된 길을 파악하며 새로운 질문을 던질 수 있어야 한다.

이 땅이 건강하게 살아 있었던 시절, 그때의 사람들은 자연과 어떻게 이어져 있었을까? 지금 이 사회는 자연과 어떤 방식으로 연결되어 있고 그 결과는 어떤가? 나는 자연을 어떻게 바라보고 또 어떻게 대하는가? 자연과 우리 인간이 더 바람직하게, 건강하게 이어지기 위해서는 어떻게 해야 하는가? 자연농 농부들을 만나며 끊임없이 이러한 질문들과 부딪쳐왔고, 답을 찾아가면서 자연스레 나의 삶에도 변화가 생겨났다. 오랜 시간 길들여진 익숙한 습관을 바꾸는 데에는 많은 노력이 필요했지만 그만큼 보람도 컸다. 내가 좀 더 자연과 건강하게 이어지고, 더 가까워지고 있다는 자각은 변화의 동력이 되었다.

몇 년 전부터 나는 어딜 가든 숟가락과 젓가락, 물병과 손수건을 꼭 챙긴다. 일회용 젓가락 대신 가방 안에서 젓가락집을 꺼내고, 종이컵이나 플라스틱컵 대신 물병을 내밀고, 냅킨 대신 손수건을 고집했다. 그럴 때마다 몇몇 사람들은 '뭘 그렇게까지' 하는 눈길로 쳐다보기도, 혹은 "게으른 나는 절대 못할 것 같은데 참 대단하다."라며 감탄하기도 했다. 가끔은 깜빡 잊기도, 수저 씻을 곳을 찾지 못해 고민하기도 했지만 차차 익숙해지면서 쉽게 대처할 수 있게 됐다. 작은 행동이지만 이 물건들 덕분에 한 해 동안 내가 쓰지 않은 일회용품들이, 그렇게 해서 줄어든 쓰레기들이 얼마나 될지 헤아려보면 그 차이는 제법 크다.

사실 실천 자체보다 더 힘들었던 점은 외계인 보듯 쳐다보는 사람들의 시선이었다. '비정상'적인 이런 행동을 유별나다고 여기며

수군거리는 사람들을 볼 때마다 나도 모르게 주눅이 들었다. 하지만 다시금, 무엇이 진짜 '정상'인지 다시 생각해보자며 내 마음을 다잡았다. 자연과 보다 건강하게 이어지기 위한 노력이 정상이지, 자연을 파괴하며 무책임하게 소비하고 버리는 대다수의 흐름이 정상일 수 없다. 이런 사회가 '정상'이라면, 나는 오히려 '비정상'인 길을 통해, 평화와 조화로움을 일궈가며 그 '정상'을 뒤엎기 위해 노력하고 싶다.

모두가 괴짜 아웃사이더가 되자는 건 아니다. 우리는 마음으로 옳다고 믿는 진실을 따라 즐겁게 실천하면서 그 기쁨과 아름다움을 두루 나누고 퍼뜨릴 수 있다. 진실과 기쁨 그리고 아름다움은 무척 힘이 세기 때문에 물결처럼 자연스럽게 퍼져나간다. 우리 모두가 스스로를 진실을 퍼뜨리고 자연을 아끼며 조화를 일구는, 일종의 '친선 대사' '홍보 대사'로 여기면 어떨까. 환한 웃음을 지으며 수저와 물통과 손수건을 들고 다니는 게 얼마나 즐거운 일인지 이야기하는 게, 바로 그런 행동 중 하나가 되지 않을까. 헐벗고 메마른 땅을 다시 살아 있는 대지로 바꾸어나가기 위한 변화는 우리의 삶 속, 아주 작은 실천들에서 시작하리라 믿는다.

°래리 콘-Larry Korn

1970년 미국 캘리포니아 주 버클리 대학에서 아시아학을 전공한 후 일본으로 긴 여행을 떠났다. 일본 내 여러 농장과 공동체를 찾아다녔고, 후쿠오카 마사노부의 농장에서 2년간 지내며 자연농을 배웠다. 지금은 미국 오리건 주에서 퍼머컬처와 자연농 교육 및 집필 활동을 이어가고 있다.

『짚 한 오라기의 혁명』

후쿠오카 마사노부 지음, 최성현 옮김, 녹색평론사, 2011년

'현대의 노자'로 일컬어지는 후쿠오카 마사노부 님의 가장 대표적인 책. 인간 중
심적 사고에서 벗어나, 자연의 온전한 힘을 믿고, 신의 뜻과 자연의 의지에 따라
하루하루 감사하며 살아가야 한다는 철학이 담겨 있다.

『신비한 밭에 서서』

가와구치 요시카즈 지음, 최성현 옮김, 들녘, 2000년

자연을 거스르지 않고, 모든 생명과의 조화를 중요하게 여기는 자연농의 기본
철학을 담은 책. 농사뿐 아니라 식생활, 교육, 의료, 예술 등 여러 분야에 걸쳐 자
연과 조화를 이루는 삶에 대해 다룬다.

『자연농, 느림과 기다림의 철학』

쓰지 신이치, 가와구치 요시카즈 지음, 임경택 옮김, 눌민, 2015년

'슬로 라이프'로 널리 알려진 문화인류학자 쓰지 신이치 님과 자연농의 대가 가
와구치 요시카즈 님의 대담집. 두 사람의 폭넓은 대화를 통해 공존과 상생을 추

구하는 자연농의 개념을 더욱 쉽게 이해할 수 있다.

『가와구치 요시카즈의 자연농 교실』
아라이 요시미, 가가미야마 에츠코 지음, 최성현 옮김, 정신세계사, 2017년

자연농을 실천하려는 이들에게 좋은 길잡이가 될 실용서. 이론과 실제가 상세한 일러스트와 함께 꼼꼼하게 담겨 있다. 30년째 우리나라에서 자연농을 실천하고 있는 최성현 님이 자신의 농사 경험을 바탕으로 최대한 우리 실정에 맞추어 글을 옮겼다.

『산에서 살다』
최성현 지음, 조화로운삶, 2006년

최성현 님이 오래전 '바보 이반 농장'을 꾸리던 시절 쓴 책. 살아 있는 모든 것이 신성한 존재라는 가르침을 바탕으로, 자연 속 모든 생명과 함께 어울리며 살아가는 담담한 기록이 감동적으로 다가온다.

『작은 것이 아름답다』
E.F.슈마허 지음, 이상호 옮김, 문예출판사, 2002년

자연농과 곧장 이어지는 주제는 아니지만, 더 나은 세상을 꿈꾸며 길을 찾던 우리에게 커다란 감동과 자극을 준 책이다. '인간의 얼굴을 한' 경제를 소개하며, 자연과 사람이 조화를 이루며 공생할 수 있는 길을 모색한다.

『식물은 위대한 화학자』
스티븐 해로드 뷔흐너 지음, 박윤정 옮김, 양문, 2013년

일하기 전 늘 작물들에게 인사를 건넨다는 홍려석 님이 추천하신 책. 식물에 관한 책이지만, 사람과 자연은 본디 하나이며 다시 이어져야 한다는 자연농의 기본 철학이 잘 나타나 있다.

『나무를 심은 사람』
장 지오노 지음, 김경온 옮김, 두레, 2005년

옳다고 믿는 일을 흔들림 없이 온 삶에 걸쳐 이어나간 한 사람, 그리고 그가 만들어낸 거대한 변화와 아름다운 이야기. 희망은 아주 작은 노력에서 꽃핀다는 믿음을 품게 한다.

『신성한 경제학의 시대』
찰스 아이젠스타인 지음, 정준형 옮김, 김영사, 2015년

'경쟁이 아니라 공존, 축적 대신 순환, 파괴가 아닌 회복'이 가득한 새로운 세상에 대한 이야기. 이런 아름다운 세상을 꿈꾸는 사람들이라면 책을 읽는 동안 가슴 뛰는 경험을 하게 될 것이다.

부록

1.

다큐멘터리 〈자연농〉을
소개합니다

2014년, 유엔식량농업기구FAO는 "지금과 같이 환경을 파괴하는 농업방식을 이어간다면 향후 60년 안에 농사를 지을 수 있는 겉흙이 모두 사라질 것"이라고 경고했습니다. 환경오염 및 자원고갈, 사회적·경제적 불평등과 갈등, 테러와 전쟁의 위험 등 우리는 심각한 위기를 맞이하고 있습니다.

다큐멘터리 〈자연농Final Straw〉(이하 다큐 〈자연농〉)은 조화와 공존, 상생이라는 자연농의 관점을 통해 이 위기를 풀어나갈 실마리를 보여줍니다. 자연농이라는 농법을 소개하는 데 그치지 않고, 현대의 사회적·생태적 문제들이 어떻게 생겨났는지 짚어봅니다. 그리고 자연에 깃들어 평화롭게 살아가는 농부들의 행복한 삶을 소개하며, 자연과 너무도 단절되어 버린 현대인들이 다시 그 연결고리를 찾을 수 있는 길을 제시합니다.

자연을 오로지 개발과 이용의 수단으로만 삼아온 현대문명은 오직 사람만을 우선시하며 다른 모든 생명을 우리 발밑에 둡니다. 이와 같은 수직적 관점과 달리, 자연농은 사람이 자연 안에 속하며 다른 생명들과 함께 평화롭게 공존해야 한다는 수평적 관점을 바탕으로 합니다.

이와 같은 자연농의 관점을 통해, 삭막한 도시의 삶 속에서조차 우리는 자연과 조화를 이루며 가까이 이어질 수 있습니다. 이는 나아가 변화의 시작이 됩니다. 그 연결고리를 바탕으로 우리는 더욱 책임 있고, 건강하며, 사람과 자연 모두에게 이로운 삶의 방식을 선택할 수 있습니다. 이점이 바로 다큐 〈자연농〉이 전달하려는 핵심입니다.

다큐 〈자연농〉은 보다 건강하고, 더욱 행복하며, 자연과 조화를 이루는 미래를 가꾸어가는 씨앗이 되고자 합니다. 그리하여 사람들의 마음속에 새싹이 돋고, 꽃이 피고, 열매가 열리길, 그렇게 세상 곳곳에서 작은 변화들이 끊임없이 일어나고 더 큰 변화로 자라나기를 기원합니다.

2.

~~~~~~~~~

다큐멘터리 〈자연농〉을
상영하고 있습니다

2015년 가을부터 다큐 〈자연농〉 상영회가 시작되었습니다. 한국과 미국, 일본으로 계속해서 이어진 상영회는 모두 합쳐 약 150회 가량 열렸습니다. 적게는 3명부터 많게는 200명까지, 매번 규모도 관객층도 분위기도 각각 달랐습니다. 자연농에 담긴 생각이 그렇듯, 모든 만남이 저마다 의미를 지니고 있었습니다. 저희의 생각을 전할 수 있었던 좋은 기회인 동시에, 저희 역시 오신 분들과 이야기를 주고받으며 많은 배움을 얻었습니다. 돌이켜보니 자연스럽게 인연 닿는 곳을 두루 찾아다녔던 이 상영회 역시 자연농의 방식에 가장 가까운 길이었습니다. 앞으로도 다큐 〈자연농〉의 여행은 계속됩니다. (*표시는 저희가 직접 참석하지 못한 상영회입니다.)

~~~~~~~~~~~~

다큐멘터리 〈자연농〉
공동체 상영을 위한 안내

공동체 상영 1단계 : 시작하기 전에

1. 다큐 보기

홈페이지(finalstraw.org) 내 '다운로딩 안내'에서 파일을 받을 수 있습니다.

2. 목표 설정 및 밑그림 그리기

상영회를 여는 목적, 이끌어가고픈 방향에 대해 생각해보세요.

- 상영회를 여는 이유는 무엇인지.

- 초대할 만한 손님, 혹은 함께 진행할 단체나 조직, 모임(지역/교육 공동체, 생협, 레스토랑 등)이 있는지.

3. 장소 정하기

아래와 같은 기본 조건만 충족된다면 어디에서든 가능합니다.

- 예상 관객을 수용할 수 있는 규모.
- 적절한 음향, 영상 설비가 갖춰진 곳.
- 최소 2시간 반 이상 이용할 수 있는 곳(상영 시간 65분+상영 후 이야기 약 1시간+준비 및 정리 약 30분).

공동체 상영 2단계 : 준비하기

1. 널리 알리기

활동 범위 및 관심사가 비슷한 단체, 조직, 개인들에게 알립니다.

- 전화, 이메일, 페이스북, 트위터 등 다양한 방법으로 초대하기.
- 농업, 먹을거리, 환경에 관한 지역 단체들에 연락해서 논의하기.
- 포스터를 만들어 사람들이 많이 모이는 공간에 붙이기.

2. 환경에 부담 덜 끼치기

- 식음료를 준비할 경우 가급적 일회용품을 쓰지 않고, 개인 컵과 접시를 준비해오라고 공지하기.
- 포스터는 최소한으로만, 꼭 필요한 곳에만 붙이기.

공동체 상영 3단계 : 상영회 열기

1. 시작 전 점검 사항

상영장비(프로젝터, 노트북, 스피커)가 모두 제대로 작동하는지 확인합니다. 저희가 그동안 상영회를 진행하며 겪어온 문제들은 다음과 같습니다.

- 프로젝터 전원을 연결하지 않아 상영 중 프로젝터가 꺼짐. → 노트북, 프로젝터, 스피커 앰프 모두 전원 확인.
- 노트북 사양이 나빠서 재생화면이 뚝뚝 끊김. → 충분한 사양의 노트북을 사용하고, 재생에 이상이 없는지 확실히 점검.
- 자막이 머리에 가려져 뒤에 앉은 사람들이 불편해함. → 가능한 한 스크린을 높이 설치하고, 자막이 잘 보이는지 직접 확인.
- 음량이 충분치 않아 소리 전달이 잘 안 됨. → 인터뷰 장면, 음악 장면 등 다양한 장면들을 번갈아가며 음량을 정확히 체크.

2. 다큐 소개 및 상영

시작 전, 다큐에 관해 그리고 왜 상영회를 여는지에 대해 간단히 설명합니다. 아울러 다큐 상영 후에는 자막이 모두 끝날 때까지 기다려주시길 부탁드립니다.

3. 상영 후 이야기 나누기

반드시 경험 많은 진행자가 있어야 할 필요는 없습니다. 아래 안내 사항을 참고로 찬찬히 준비해보세요.

- 내용 충분히 이해하기 : 상영회를 열기 전 최소 한 번 이상은 저희 다큐를 보고 충분히 생각해보는 시간을 갖길 권합니다. 이 다큐 에서 이야기하려는 내용, 짚어봐야 할 점에 대해 생각해본다면 이 야기를 이끌어나가는 데 큰 도움이 될 것입니다.

- 역할을 이해하기 : 진행자는 자연스럽게 흘러갈 수 있도록 돕는 역할입니다. 반드시 자신의 의견을 드러내거나 지시할 필요는 없 습니다.

- 논쟁 아닌 대화를 북돋기 & 긍정적 시각 이어가기 : 때때로 이야 기들은 지나치게 비관적인 방향으로 흘러가기 쉽습니다. 그 대신 무엇을 할 수 있을지, 농부들의 이야기에서 무엇을 배울 수 있을 지, 어떻게 변화를 만들어나갈지에 대한 긍정적인 방향으로 이야 기를 이끌어갈 수 있습니다.

공동체 상영 4단계 : 작은 실천들

다큐의 맨 마지막 '변화는 지금 여기, 나로부터 시작됩니다'라는 메시 지를 통해 '우리가 자연농에서 무엇을 배우고 어떻게 우리의 삶에 적용시킬 수 있는가'에 대해 생각해볼 수 있길 바랍니다. 저희가 찾아낸 변화를 위한 실천은 다음과 같습니다.

- 내가 하는 행동이 가져올 결과에 대해 생각해보고, 더 건강하고 이로운 관계를 찾아 넓혀나가기.
- 옳지 않다고 믿는 조직, 체계, 제도에 반대하고 저항하기.
- 각자 할 수 있는 만큼 즐겁게 하기.
- 비슷한 뜻을 가진 단체를 후원하기.
- 사회적·생태적으로 옳은 행동이 무엇인지 고민하고 실행하기.

공동체 상영 5단계 : 다큐 〈자연농〉 후원하기

기존 배급업체에서 진행하는 공동체 상영은 상당 금액을 '상영료'로 받습니다. 저희는 이 다큐가 널리 퍼져나가고, 더 많은 사람들이 공감하는 게 더욱 중요하다고 생각하기 때문에, 개인이 주최하는 소규모 상영회의 경우 다운로딩 금액 외 추가 상영료를 부과하지 않습니다. 하지만 예산 책정이 가능한 단체나 조직의 경우, 소규모 상영회 조건에 해당하지 않습니다. 반드시 저희에게 따로 연락해주세요. 저희 두 감독은 2011년부터 각자의 직장을 그만두고 유랑하는 삶을 이어가고 있는 젊은이들입니다. 집안이 부유하다거나 복권에 당첨되었다거나 하는 경제적 여유가 있어서 이 활동을 하는 게 아니라, 단지 자연농에 담겨 있는 이야기에 깊이 공감했기 때문에, 널리 나눠야 한다고 생각했기 때문에, 안정적인 삶을 포기하고 모아놓았던 저축과 오랜 시간을 들여 이 영화를 완성했습니다.

저희는 그때의 결정과 그동안의 시간, 참여한 많은 사람들의 값진 노력을 소중하게 여깁니다. 그렇기 때문에 이 작품을 봐주시는 분들도 그렇게 여겨주셨으면 좋겠습니다.

그래서 가급적이면 무료 상영회보다는, 일정 금액의 입장료가 책정되는 상영회 형식으로 열리길 바랍니다. 상영회를 주최하는 분께서도 이 부분에 대해 관객들께 충분히 설명을 드리고 진행해주시길 부탁드립니다.

1. 후원금 보내기

상영회에서 모아진 후원금은 아래 계좌로 보내주세요.

국민은행 416902-01-168494 강수희(Final Straw)

2. 상영회 후기 보내기

어떻게 상영회가 진행되었는지, 어떤 의견이 나왔는지도 함께 전달해주신다면 감사히 듣고 참고하도록 하겠습니다.

4.

다큐멘터리 〈자연농〉에 관한
질문과 답

상영회를 이어오며 가장 많이 나왔던 질문과 답변을 모았습니다. 자연농에 대해, 이 다큐멘터리에 대해, 나아가 자연농에 담긴 메시지를 일상에 적용하시는 데 도움이 되길 바랍니다.

Q. 다큐멘터리의 영어 제목인 'Final Straw'는 무슨 뜻인가요?

A. 무거운 짐을 가득 싣고 가는 당나귀가 있습니다. 그 짐 위에 작은 지푸라기 하나가 더해지는 순간, 힘에 겨운 당나귀가 그만 휙 넘어지고 맙니다. 이와 같이 무르익은 변화의 시점에 결정적인 계기가 되는 것, 결정타와 같은 의미로 널리 쓰이는 표현이라고 합니다. 직역하면 '마지막 지푸라기'라는 뜻인데요, 후쿠오카 마사노부 님의 책『짚 한 오라기의 혁명』과도 잘 이어져서, 프로젝트 시작 초기부터

쭉 이 제목을 써왔습니다.

Q. 훌륭한 내용입니다. 그렇지만 자연농은 여전히 비현실적이고, 일부 특수한 경우에만 가능하다고 봅니다.

A. 많은 분들에게 이와 같은 질문을 받았습니다. 일반적인 관점에서, 자연농은 '불가능'합니다. 우리가 지금 살아가고 있는 이 자본주의적인 사고방식 안에서 생각해보면 그렇지요. 저희는 현재의 시스템을 '달리는 기차'에 비유하고 싶습니다. 안락한 기차 안에서 편안한 의자에 계속 앉아 있다면 더없이 만족스러운 여정일 것입니다. 그러나 문제는, 이 기차가 절벽을 향해 달려가고 있다는 점입니다. 기후변화, 환경오염, 자원고갈, 사회적·경제적 불평등과 이로 인한 갈등, 테러와 전쟁의 위험 등등 이 시스템은 위기를 겪고 있으며 갈수록 그 문제는 더욱 심각해질 것입니다. 거대자본의 지원금을 받지 않은 경제학자, 과학자, 사회학자, 환경학자 들 그리고 UN과 다수의 연구 기관에서 현재의 시스템이 지금과 같은 방식으로 이어진다면 결국 지구는 큰 재앙을 맞이할 것이라 경고합니다.

이 '기차'와 자연농을 함께 생각해볼까요. 자연농은 기차 밖 세상에 분명히 존재합니다. 멀리 창문 바깥을 보고 싶어 하는 사람들은 자연농이 존재한다는 걸 알고, 가능할지도 모른다고 생각할 수 있습니다. 하지만 기차 안에서는 절대 자연농을 실천할 수 없습니다.

즉, 지금 이 시스템 '안'에서는 자연농을 이어갈 수 없습니다. 저희가 만나온 자연농 농부들은 모두 기차에서 내려, 주어진 틀을 거부하고, 자신에게 맞는 새로운 길을 개척해나가고 있는 사람들이었습니다. 그들은 더 많은 부를 위한 경쟁을 멈추고, 함께 공생하는 느린 길을 택했습니다.

아울러 자연농을 보다 지속적으로 더욱 폭넓게 이어가기 위해서는 지금 이 불평등한 경제를 보다 인간 중심적으로, 지구를 위한 경제로 바꾸어 나가야만 합니다. 많은 사람들이 과연 그 변화가 가능할지 의심하고 두려워하는 건 당연합니다. 모두가 온 평생을 지금이 시스템 속에서, 더 많은 부를 추구하는 쪽으로 살아왔기 때문입니다. 그러나 이 시스템의 위기는 점점 더 다가오고 있으며, 무엇보다도 우리 인간은 돈만으로는 절대 행복해질 수 없습니다. 그러므로 우리는 지금 이 사고방식에서 벗어나 자연농을 포함한 다양한 대안이 곳곳에서 뿌리를 내릴 수 있도록 해야 합니다.

요약하자면 자연농은 건강한 관계, 이해와 사랑, 되살림을 기반으로 하기에 오로지 규모와 경쟁을 기반으로 하는 지금 이 시스템 안에서는 이어갈 수 없지만, 단단한 마음을 먹고 시도하는 누구에게나 가능합니다.

Q. 과연 자연농만으로 생계를 유지할 수 있습니까? 다큐에 나

오는 농부들은 다른 수입이 있는 것 아닌가요?

A. 가능합니다. 자연농으로 혹은 자연농은 아니지만 작은 규모의 친환경농업으로 생계를 이어가는 농부들이 점점 더 늘고 있습니다. 이분들은 어떤 비범한, 놀라운 인물들이 아닙니다. 다만 기존의 사고방식에서 벗어나 보다 건강하고 바람직한 방식으로 자연을 대하고, 그와 같은 방식으로 소비자를 대한다는 점에서 다릅니다.

한 예로 캘리포니아의 크리스틴 리치는 레스토랑에 소속되어 그곳에서 월급을 받으며 농사를 짓는 농부입니다. 보다 맛있고 건강한 농산물을 재료로 쓰고 싶은 레스토랑과 판매 걱정 없이 온전히 농사에만 집중하고 싶은 농부가 만나 서로에게 이롭고 도움이 되는 연결고리를 맺었습니다. 또한 저희가 만난 농부들은 '꾸러미'로 생계를 이어가고 있습니다. 대개 농부 한 사람이 직접, 혹은 몇몇이 함께 소규모로 재배한 다양한 작물을 모아 도시의 고객에게 매주 혹은 한 달에 두 번씩 정기적으로 꾸러미를 보내고, 소비자들은 농부가 농사에 집중할 수 있도록 미리 정해진 금액을 입금하는 방식입니다.

이 모든 사례들의 공통점은 건강한 '관계'를 바탕으로 한다는 점입니다. 생산자와 소비자가 밀접하게 이어지고, 서로의 상황을 이해하며, 서로를 돕습니다. 기존의 유통망에 의존하지 않고 보다 건강한 유통망을 만들어간다면 가능성은 더 커지리라 믿습니다.

Q. 하지만 전 세계 인류를 자연농으로 먹여 살릴 수 있습니까?

A. 현재의 농업을 계속 이어간다는 게 가능할까요? 거대 자본 중심의, 석유 기반의, 지속적으로 환경을 파괴하고 있는 이 방식을 계속 이어간다는 건 명백히 불가능합니다. 농기계부터 화학비료까지 석유에 크게 의존하고 있는 현대농업은 에너지 위기가 발생할 경우 치명적 위기를 맞게 될 것입니다. 이와 같은 경제적 이유뿐 아니라, 표층토 유실 및 지력 고갈, 지하수 오염 등등 현대농업에 의한 환경문제 역시 심각합니다.

문제는 여기에 그치지 않습니다. 유엔환경계획UNEP과 세계자원연구소World Resources Institute에서 발표한 자료를 보면, 전 세계 식량의 3분의 1 이상, 값어치로 따지면 1조원 넘는 음식물이 매년 생산 및 유통 과정에서 쓰레기로 버려집니다. 뿐만 아니라, 사료 및 바이오매스 연료 등 식량을 다른 목적으로 사용하는 문제 역시 심각합니다. 단지 자연농의 생산성만을 지적할 게 아니라 넓은 시각에서, 얽혀 있는 여러 문제를 함께 개선해나가야 할 것입니다.

물론 자연농만이 유일한 대안은 아닙니다. 소규모 지역 중심으로, 생물 다양성을 기반으로 하면서, 화학비료에 의존하지 않고, 환경을 파괴하고 착취하는 대신 재생시키고 살려나가는 방식의 새로운 농법이 등장하고 있습니다. 자연농 이외에도 다양한 대안적 농법이 차차 생겨나고 있는 것입니다. 나아가 농사뿐 아니라 경제, 정치

등 여러 분야에 걸쳐 폭넓은 변화가 이뤄져야 할 것입니다.

Q. 자연농의 방식대로라면, 과거로 돌아가 어떤 기술도 쓰지 않고 오직 자연에 의존해서 살아야 하는 건가요?

A. 아닙니다. 자연농은 과거로 되돌아가는 길이 아니라 오히려 미래를 향한 길입니다. 자연농은 자연을 훼손하지 않고 함께 살아가고자 하는 삶의 방식입니다. 삶의 터전을 바르게 알고 건강한 관계를 만들어나가는 길입니다.

인류의 큰 스승 간디와 『작은 것이 아름답다』의 저자 E. F. 슈마허는 기술이 어느 순간 원래 주어졌던 역할을 넘어서버렸다고 보았습니다. 기술이 인간을 위해 봉사하는 대신 인간이 기술의 노예가 되어버린 것이지요. 나아가 기술은 인간의 삶을, 삶의 터전을 계속해서 망가뜨리고 있습니다.

슈마허가 제창한 '적정기술'의 관점과 자연농은 닮은 점이 매우 많습니다. 인간이 지닌 창의성을 유지하되, 기술에 지나치게 얽매이지 않고, 편리함을 얻는다면 그런 기술은 분명 필요합니다. 인간과 자연이 더욱 조화롭게 이어지도록 돕는 기술은 우리가 더욱 즐겁게 일할 수 있는 여지를 남겨둡니다.

그러나 현대농업에 적용되어 있는 기술에서는 인간이 기계의 부품처럼 일할 뿐, 창의성을 발휘할 여지를 찾아볼 수 없습니다. 이와 달리 자연농은 적정기술과 같이, 창의성을 계속 발휘하면서 일할 수 있습니다.

Q. 이 다큐에는 '자연농'이 무엇인지, 정확한 개념이 나오지 않습니다.

A. 자연농에는 어떤 고정화 된 개념이 없습니다. 다만 이 다큐에 담긴 자연농에 대해 이렇게 설명드릴 수는 있습니다. '우리가 자연 및 생명들과 하나로 연결되어 있음을 아는 것, 나아가 그 연결되어 있는 생명들과 건강한 관계를 이어나가는 것'이라고요.

덧붙이자면 가와구치 요시카즈 님이 말씀하신 자연농의 기본은 다음과 같습니다. '땅을 갈지 않는다. 비료를 필요로 하지 않는다. 풀이나 벌레를 적으로 여기지 않는다. 기후, 날씨, 토질, 작물의 성질, 환경에 맞게 따라가고 맡긴다.' 저희가 만난 자연농 농부들은 이러한 생각과 기준을 바탕으로 각자 자신에게 맞는 저마다의 답을 만들어나가고 있었습니다. 이렇게 답을 찾아가는 과정 역시 자연농의 일부라고 생각합니다.

Q. 저는 농부도 아니고 도시에 사는데요, '자연농'을 어떻게 제 삶에 적용시킬 수 있을까요?

A. 도시에서 나고 자란 저희가 체험해온 것들을 바탕으로 답

변드리자면, 저희는 생활의 모든 면에서 자연농의 관점을 적용시켜 '보다 건강한' 쪽으로 선택하고자 노력하고 있습니다. 물건을 살 때, 가게를 갈 때, 투표를 할 때, 모든 선택의 순간마다 더 이롭고 건강한 가능성을 택할 수 있습니다.

예를 들면 대형마트에서 장을 보는 것보다 재래시장이나 생협, 지역 상점을 이용합니다. 직거래 장터에 가거나 꾸러미를 받아보기도 하고 만든 사람과 직접 만나는 직거래도 합니다. 그렇게 되면 거대 자본의 대형마트가 돈을 버는 대신, 지역경제가 살아나고 소규모 농사를 짓고 있는 농부에게도 힘이 됩니다.

또한 대기업의 중국 공장에서 생산한 제품 대신 지역의 수공예가가 만든 것을 산다거나, 재활용 가게에서 필요한 것을 구해보거나, 혹은 직접 기술을 배워 만드는 방법도 있습니다. 아울러 어떤 물건이 필요할 때마다 스스로에게 다음과 같은 질문을 해볼 수 있겠지요. '사지 않고 공유할 수 있는가? 고치거나, 직접 만들 수 있는가? 더 건강한 방식은 없는가? 정말로 꼭 필요한가?' 이렇듯 도시에서도 자연농의 철학을 실천하며 살아갈 수 있습니다.

Q. 하지만 개개인의 작은 힘만으로 세상은 바뀌지 않습니다.

A. 그렇지 않습니다. 세상 모든 거대한 변화는 작은 씨앗, 한 명의 사람, 하나의 사건부터 시작합니다.

문제는 우리가 무엇이 옳고 그른지 가슴으로 알고 있지만, 그걸 실행하기 두려워한다는 점입니다. 모두가 평생을 지금 이 시스템 속에서, 주어진 역할에 순응하며 살아왔기 때문입니다. 하지만 세상을 바꾸기 위해서는 개개인들이 작은 것부터 하나씩 옳은 일들을 해나가야 합니다. 대통령, 정치인, 기업인만이 세상을 바꿀 수 있는 게 아닙니다. 우리 모두에게 그런 힘이 있습니다. 그리고 모두가 더 나은 세상을 향한 실천을 이어나갈 수 있습니다.

Q. 저는 좋은 먹을거리를 구입한다거나, 수공예 장인을 지원한 다거나 할 경제적 여유가 없습니다.

A. 어려운 질문입니다. 저희의 제안은 할 수 있는 최대한 주어진 틀을 벗어나보자는 겁니다. '경제적 여유가 없다. → 이 상황을 벗어나야 한다. → 그러려면 돈을 많이 벌어야 한다'는 사고방식 대신, 열심히 일해서 돈을 버는 데도 경제적 여유가 없도록 하는 이 잘못된 시스템 자체를 벗어나기 위한 노력을 찾아보자는 것이지요.

구체적인 예를 들자면, 청년층의 주거 문제가 있습니다. 청년들이 버는 돈의 대부분이 주거비로 나가는데, 이마저도 해마다 건물주들이 월세를 올리기 때문에 그 비용은 더욱 높아지고만 있습니다. 이처럼 옳지 않고, 동의할 수 없는 시스템에 더 이상 힘을 보태지 않기로 결심하고 대안을 찾는다면 어떨까요. 공유주택, 공동주거

등 다양한 방법이 등장하고 있습니다. 개개인의 힘을 모으고, 함께 대안을 찾아나간다면 더 나은 미래를 이끌어올 수 있을 것입니다.

Q. 감독 두 사람은 부자인가요? 어떻게 해서 4년간 이 다큐를 만들었나요?

A. 저희는 아주 적은 돈을 쓰며 가난하게 살아갑니다. 집도 없고, 차도 없으며, 갖고 있는 물건들도 많지 않지만 쭉 행복하게 살아가고 있습니다. 꼭 필요한 경우가 아니라면 물건을 사지 않고, 소유하지 않습니다. 어떤 분들은 저희를 '극단적'이라고 하실 수도 있겠지요. 하지만 저희는 끊임없이 소비를 부추기고, 환경을 망가뜨리고, 과도한 노동에 시달리면서도 결과적으로 극소수의 사람들만이 돈을 버는 지금 이 자본주의 시스템이 더욱 극단적이라고 생각합니다.

다큐 제작 경험이 없던 저희 둘은 기획, 취재, 촬영, 편집 등 모든 과정을 직접 공부하고 시행착오를 겪으며 진행했습니다. 하지만 오직 둘뿐이었다면 다큐 완성은 불가능했을 것입니다. 취재, 번역, 애니메이션 제작, 음악 등 모든 면에 걸쳐 수많은 분들이 자원 활동으로 함께해주셨고, 또한 후원금을 보내주신 도움의 손길도 있었습니다. 그 덕분에 무사히 제작을 마칠 수 있었습니다.

저희는 다큐 제작 과정을 통해, 진정한 행복은 물질적인 부에 있는 게 아니라 마음 속, 자연 안에 있다는 진리를 배웠습니다. 앞으로도 저희는 쭉 가난하고 행복하게 살아가려고 합니다.

Q. 저는 여전히 궁금한 점이 많습니다. 자연농에 대해 더 알고 싶지만 막막한 기분입니다.

A. 궁금한 게 있다면 언제든 저희에게 연락해주세요. 직접 자연 농 농부들을 찾아가보신다면 더욱 좋겠지요. 마지막으로 저희가 강조하고 싶은 내용은 앞서도 언급했지만, '더 건강한 관계'를 만들어나가는 게 중요하다는 겁니다.

우리 주변의 자연, 그 안의 생명들, 나아가 우리를 둘러싼 인간 관계, 사회적 관계까지 모든 면에서 보다 이롭고, 건강하고, 바람직한 쪽으로 바꾸어나갈 수 있습니다. 주변 이웃들에게 마음을 담아 인사를 건네는 아주 작은 실천에서부터, 내가 먹는 먹을거리가 어디서 나고 어떻게 오는지에 관심을 기울이는 일 그리고 옳다고 믿는 바에 대해 표현하고 드러내고 생각을 나누며 퍼뜨려가는 일, 이 모두를 포함해서 그렇게 변화는 지금 여기, 나로부터 시작됩니다.

Q. 다큐 제작 후 어떤 점이 바뀌었습니까?

A. 나무를 자주 껴안습니다. 집이 없고 가난합니다. 그렇지만 예전보다 더 행복합니다.^_^

5.

다큐멘터리
〈자연농〉 후기

다큐 상영 후에는 언제나 이야기 나눔 시간을 가졌습니다. 관람 소감과 함께 자연스럽게 질문과 답이 오가고, 각자가 살아온 이야기도 두루 나누는 소중한 시간이었습니다. 깊은 인상을 남긴 후기 일부를 모아 정리했습니다.

저는 아플 때 병원에 가는 대신 자연으로 갑니다. _서울

영화 제작 분야와 전혀 관련 없었다는 두 사람이, 4년이라는 긴 시간을 들여서, 내가 본 것 중 가장 아름다운 영화를 만들었다는 게 그저 놀랍습니다. _대구

3년 전 이곳으로 옮겨와 지자체에서 일하고 있습니다. 텃밭을 시도했다가 실패했는데, 이 다큐를 보고 다시 시도해보고 싶어졌습니다. _완주

3년차 자연농 농부입니다. 세상 모든 문제들은 연결되어 있지 않을까요? 생태적·사회적·정치적 문제 모두요. '나는 어떤 삶을 살고 싶은가?'라는 질문을 늘 되새겨봅니다. 자연농을 시작해보니, 이전의 갑갑했던 서울의 직장생활과는 비할 수 없이 즐겁고 재미있습니다. _진안

8년 전 유기농 농사를 시작했습니다. 자연농 농부가 되고 싶어서 이 상영회에 왔습니다. 제가 이런 농사를 짓는 이유는 아주 간단합니다. 내 아이들이 농장에서 농약 걱정 없이 마음껏 뛰어 놀게 하고 싶습니다. _담양

세상 사람들 모두가 이 영화를 볼 필요는 없다고 생각합니다. 하지만 이 세상을 더 낫게, 더 조화롭게, 더 생태적으로, 더 맛있게 가꾸어가고 싶은 사람이라면 꼭 이 영화를 보면 좋겠습니다. _제주

자연농에 대해 전혀 아는 바가 없었습니다. 오직 소비하고 일하고 더 쓰고… 이런 반복이 제 삶의 전부라고 느껴졌어요. 우리는 오직 스스로만을 변화시킬 수 있다는 가와구치 님의 메시지가 특히 좋았습니다. _인천

친구들과 함께 주말텃밭을 하고 있습니다. 밭에 있으면 모든 스트레스를 잊게 됩니다. _교토

지금 이 사회는 너무도 자연과 대립하고 있어요. 도시에서 살다 보면 감각이 자연스레 무뎌지는데, 이런 자리를 통해 다시 '진실'을 깨닫게 됩니다. _나고야

원래 컴퓨터 회사에서 일했는데, 몸이 많이 아파서 결국 직업을 바꾸었습니다. 현대사회는 너무나도 자동화되어 있어서 '사람'을 느낄 여지가 없습니다. 뭔가를 사 먹을 때도 얼마나 많은 손길이 닿았을까 생각하면서 최대한 더 자연스러운 음식을 찾아 먹으려 노력합니다. _오키나와

자연출산으로 아이를 낳았습니다. 다큐를 보면서 자연농과 자연출산이 매우 비슷하다고 느꼈습니다. 우리는 '자연의 일부'이고 그 안에 속해 있다는 점이 그렇지요. 도시에서 살다 보면 내 안의 많은 감정들을 무시하고 지나치게 됩니다. _고베

후쿠시마 사고 후, '삶에서 가장 중요한 건 무엇일까?'라는 고민을 시작했습니다. 계속해서 그 답을 찾아가고 있고요. 다큐를 보고 나니 이런 생각이 드네요. 만약 작은 벌레를 사랑하는 사람이라면, 그런 사람은

핵발전소를 짓는다는 생각은 떠올릴 수조차 없을 거라고요. _홋카이도

6년째 자연농을 하고 있습니다. 여전히 미숙해서 계속 공부하고 있지요. 아마 평생 공부를 이어가야 할 것 같습니다. 이 영화는 우리 농부들이 얼마나 아름다운 일을 하고 있는지, 그리고 그 아름다움이 어떻게 퍼져나가고 있는지 보여주어서 참 좋았습니다. _도쿠시마

자연농을 시작한지 1년 반 밖에 되지 않았지만, 흙을 만질 때마다 늘 치유되는 느낌을 받습니다. 계절에 따라 풀과 벌레가 바뀌는 걸 보면서 이렇게 살아 있는 나 자신도 자연의 일부라는 걸 생생하게 알 수 있습니다. 이번 상영회를 진행하면서 많은 분들을 만나고 배웠습니다. 이런 인연들이 계속해서 퍼져나가 더 많은 기쁨을 나눌 수 있으면 좋겠습니다. _시가

학교에서 가르치는 일을 하면서 20년째 자연농을 하고 있습니다. 자연농은 제게 좋은 선생님이 되도록 아이디어를 줍니다. 경쟁하는 대신 함께 일하도록 하고, 모든 존재의 삶을 존중하도록 하고, 학생들마다의 자질을 눈여겨보도록 합니다. 안타깝게도 현재의 교육 시스템은 이렇지 않지만, 꾸준히 잊지 않고 노력하려고 합니다. _도쿠시마

도와주신 분들

이 책의 바탕이 된 다큐 〈자연농〉은 제작 과정에서 많은 분들의 도움을 받았습니다. 자연농의 철학을 지지하고 두 저자의 활동을 응원해주셔서 감사합니다. 특히 이 책에 더 좋은 내용을 담을 수 있도록 세심하게 번역 작업을 도와주신 분들에게 거듭 고마운 마음을 전합니다.

•통역 및 취재

도마에 에리, 도마에 가주, 다케우치 나호, 수이즈 이사오, 스지 가오리, 야마모토 도모시게, 오하이오, 이케가메 하루미, 하야시 이쿠마사

• 번역

김맑아, 김명철, 김민주, 김선아, 김성희, 김소연, 김지혜, 민대백, 박세영, 박유니, 안정화, 오하이오, 윤소미, 이정기, 전유니, 조윤희, 키요, 마츠모토 다이스케, 미사사 아키코, 스지 가오리, 아베 마수미, 기타데 나츠키, 에리 미즈시마 피터슨

• 음악

WindSync, 봄눈별, Ippen, 신나는섬

• 애니메이션

박희영

• 도와주신 분들(개인)

강민정, 강상욱, 강승희, 강주석, 강지민, 고두환, 공리야, 김대윤, 김두하, 김세희, 김연지, 김옥분, 김용욱, 김은진, 김재형, 김지영, 김지호, 남지연, 노선택, 먼지신혜, 민지홍, 박근우, 박상구, 박세희, 박정훈, 박준호, 박진한, 서은덕, 석가영, 손장희, 송부영, 원은영, 이광기, 이귀정, 이내, 이대용, 이문재, 이민수, 이민형, 이상모, 이연진, 이유리나, 이윤서, 이정신, 이정호, 이진오, 이현정, 이희정, 전선미, 정순영, 조지연, 차쿠리, 천유식, 최시안, 최웅일, 최지희, 허은선, 홍은, 황

진원, Chrissy Borycki, Dr.Emily Brady, Syanne and Russ Cole, Chris Fremantle, Robin Lasser, Alicia Bay Laurel, Jaye and Janine Lydon, Patrice Milillo, Ross McLean, Khai Tran, Donald Urquhart

• 도와주신 분들(단체)
〈한국〉 공방 이모하, 넥스트젠 코리아, 대동작은집, 북센스 출판사, 밸류가든, 사직동 그 가게, 산복도로프로젝트, 생각비행, 스페이스 노아, 신나는섬, 실버라이닝 커피로스터스, 온배움터, 책방 이음, 커피상점 이심, 플레이스막, 홍성자연재배협동조합 〈일본〉 아카메 자연농 학교, 아이치현립 예술대학, Air Osaka Hostel, Chishima Foundation for Creative Osaka 〈영국〉 Centre for Stewardship, Robert Callender International Residency, The University of Edinburgh

• 텀블벅
텀블벅을 통해 후원해주신 모든 분들

불안과 경쟁 없는 이곳에서
자연농이라는 건강하고 행복한 삶의 방식

2017년 10월 23일 초판 1쇄 발행
2021년 9월 7일 2쇄 발행

지은이   강수희·패트릭 라이든

펴낸이   천소희
편집   박수희

펴낸곳   열매하나
등록   2017년 6월 1일 제25100-2017-000043호
주소   (57941) 전라남도 순천시 옥천길 144
전화   02.6376.2846 | **팩스** 02.6499.2884
전자우편 yeolmaehana@naver.com
블로그   http://blog.naver.com/yeolmaehana
ISBN   979-11-961711-1-7   03100

글·사진 ⓒ 2017. 강수희·패트릭 라이든

 삶을 틔우는 마음 속 환한 열매하나